至福のコスパめし

食費は月1万4000円
派遣社員の限界節約レシピ

まさお

KADOKAWA

はじめに

ただいま人生のやり直し中！
酒と料理と猫を愛する男の日常

こんにちは、まさおでございます！

YouTubeで『ダメ派遣男まさお』というチャンネルを配信しつつ、昼は派遣社員として働きながら、夜や休日は物流倉庫やサービスエリアでバイトをしている、身長１６３㎝、体重１００kg超の、彼女いない歴＝年齢の中年男です。

またの名を、〝飲み屋の女にハマって１３００万円の借金をした　ダメ派遣男まさお〟と言います。

その言葉通り、飲み屋の女「エリカ」にハマって借金を作り、彼女のためにすべてを失いました。そして今、タイトルにあるように、「人生のやり直し」をすべく、借金を返しながら毎日を地道に必死に、でも楽しく前向きに生きています。

そんな俺ですが、この度、本を出すことになりました。それが本書『至福のコスパめし』です。

俺のチャンネル『ダメ派遣男まさお』には、２つのコンテンツがあります。

１つは、「派遣男の日常と料理」という、太っちょ男が月の食費１万４０００円（雑費も含む）で切り盛りしながら、ただただコスパの良い（節約）料理を作って晩酌をし、日常のたわいもない話をするというコンテンツです。

そして、もう１つは「エリカと奈緒美の物語」という、俺が借金１３００万円を作ることになった原因となる、２人の女性との奇妙なノンフィクションとなっています。

本書は、「派遣男の日常と料理」がメインとなっている本です。

先にもお話ししたように、最初は、体重１００キロ超のさえない中年男が、料理を作って晩酌をする動画に需要はあるのか？　と思っていたのですが、「仕事がきつくて帰ってきたら、楽しそうに作って食べる姿を見て元気が出た」「困難を乗り越えながら前向きに生きる姿に、頑張ろうと思った」「真似して作ってみたら意外と簡単で、レパートリーが増えた」などの多くのコメントをいただいて、こんなダメ男でも、少しでも皆さんの癒しや励みになれていて、とても嬉しく思いました。

借金を返しながらのビンボー生活なので、必然的にいわゆる「節約レシピ」となるのですが、俺の食べる量はハンパないので、果たして節約レシピになっているのだろうか……（汗）。

でも、安心してください。一般的なレシピ内容に調整し、また1人分の材料費も掲載していますので、ご参考にしていただければ。

なお、俺のレシピはダイエット向きではありませんので、そういった目的での使用はお控えくださいね！（事実、動画の中で何度も失敗しているし……）

そして、各章の最後に「エリカと奈緒美の物語」もキュッとまとめて掲載しました。

俺が今の人生を送っているのも、YouTubeチャンネルを開設したのも、すべてのことは、この物語がきっかけなので、やはりお話ししておこうかなと。

こちらは、物語（俺の昔話）を読む気分で、楽しんでいただければと思います。

この本が、ちょっとでも、皆さんの明日への活力や前に進む力につながれば嬉しいです。

まさお

／ダメ派遣男／ まさおの日常

趣味はお酒！

お湯が出ない？ 床が抜けた階段？ 廃墟のような家で暮らす男

俺の住まいは、オール電化の2階建てガレージ付きの一軒家です！　……と言っても、築年数は50年くらい。外はボロボロの外壁と朽ち果てた鉄の階段、なぜか外から塞がれている1階の窓。中に入れば、床の抜けた階段にバラバラの素材で補修されたツギハギの壁。キッチンにいたっては、ゴミで溢れかえっていた元カラオケ教室（を、俺が片付けて使えるようにした）。もちろん断熱材なんか入っていないので、冬は寒く夏は暑い！

　どれくらいボロいかというと、以前、40度の高熱を出して無断欠勤をしてしまった時、心配した派遣会社の担当者が、俺の住

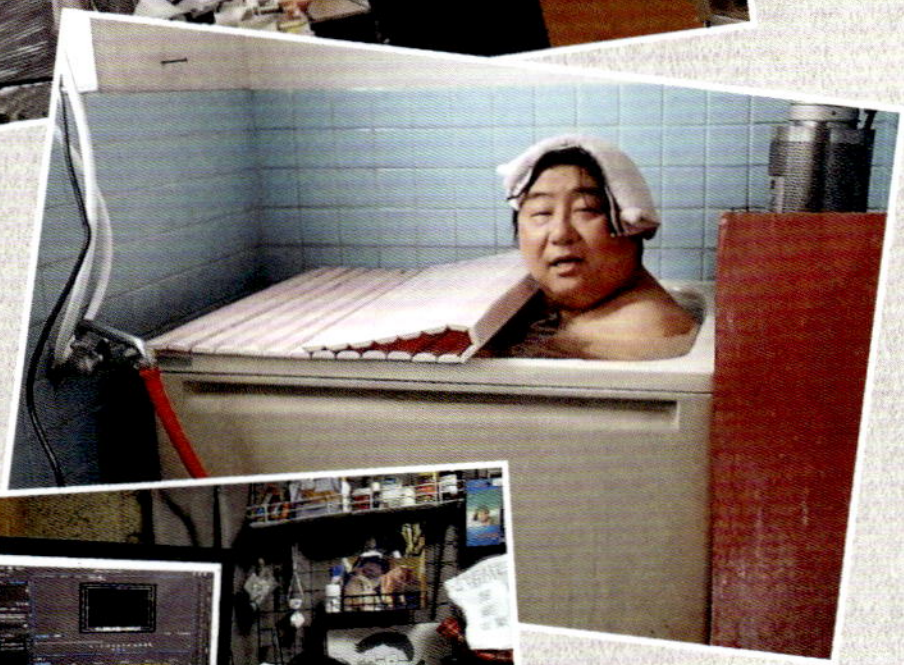

所を訪ねてきたのですが、そのまま引き返し、「おかしいです！　まさおさんの家は空き家でした！」と、上司に慌てて伝えたというエピソードがあるほどです。そんな我が家の家賃は、2万8000円です。

ただ大家さんからは、俺が出て行ったら、どうせ借り手もいなくて壊すしかないから、好きに使っていいと言われているため、その点は気が楽です。

ちなみに、オール電化なのは、滞納して止まっているとかではなく、そもそも引っ越してきてから一度もガスを契約していないからです。

だから、キッチンはポータブルのＩＨクッキングヒーターで、水道の蛇口からはお湯なんか出ません。そして、お風呂にいたっては1年中水風呂！　なので冬場の風呂は命懸けです。でも、いざ水をかぶってしまうと不思議と体がポカポカしてくるんです（大変危険なので、絶対に真似してはいけません！）。どうしても寒い日は、キッチンでお湯を沸かして持ち込んでいました。

今は〝投げ込みヒーター〟という神器を手に入れ、沸くまで時間がかかるので時々しか使えませんが、温かいお風呂を味わうことができます。

この廃墟のようなまさお邸が気になる方は、ＹouＴubeチャンネル『ダメ派遣男まさお』でどうぞ！

ボロ屋でも愛する家族となら都！

実は、このボロ屋に1人ぼっちで住んでいるわけではありません。愛する家族と暮らしています。それが、猫のモナとリップルです。

正確に言うと、おばあちゃん猫だったモナは、2024年の早春に虹の橋を渡ってしまいましたが、魂はいつも一緒にいると思っています。

モナは茶トラの女の子。スーパーで保護しました。ガリガリだったので子猫だと思っていたら、病院で2～3歳の成猫だと言われました。歯肉炎でなにも食べられなかったため、ガリガリだったらしい。

リップルは、三毛猫の女の子。子猫の時に公園でカラスに襲われていたところを保護しました。幸い大きな怪我もなく、今では俺に負けないムチムチボディに成長しました。

大家さんから、この家は好きに使っていいと言われています。猫を何匹飼ってもいいし、ボロボロにしても構わないと。賃貸で猫を飼っているとなかなか気を使いますが、この家なら気を遣う必要がありません。

ボロボロな我が家だけど、のびのび暮らせて住めば都。俺たちには合っているのかもしれません。

食費は切り詰めて、自分の服は何年も買わなくても、この子たちは最期まで幸せにしたいと思います。

まさおの給料事情

先にも話したように、俺は今、平日は派遣社員として働いています。残業や休日出勤の有無によっても変わるし、時給なので盆休みや正月のある月は安くなるなど月によって幅はありますが、一定の収入があります。

かつての俺は、飲み屋の女エリカにハマって借金をし、その借金を両親に返済してもらったのに、さらに借金を重ねてしまいました。また、車のローンも組めないので、代わりに父ちゃんに組んでもらっていました。

そんなこともあり、俺の信用はまったくなし！

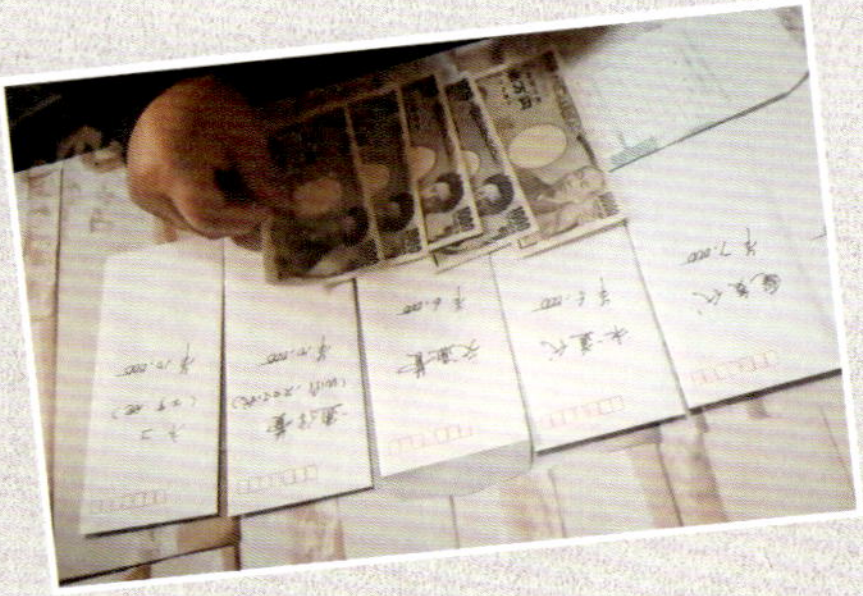

今の仕事に就いてからは、給料が振り込まれる口座の通帳やカードはすべて父ちゃんに預かってもらっています。

給料が振り込まれると、まずは父ちゃんに、そこから借金の返済と立て替えている車のローンの支払いをしてもらっています。そして俺は、残ったお金から毎月8万円を、生活費として振り込んでもらっています。

その8万円から、家賃、通信費、電気代、水道代、猫関連費（餌や猫砂などを買って余ったお金は急な病院などに備えて貯金）、ガソリン代を支払い、残ったお金が食費と雑費になります。そして足りない分は、バイト代で補填しています。

だから、毎月の月末はギリギリの生活です。それでも工夫しながら毎日晩酌を楽しんでいます。

おいしい酒とアテ（それと猫）があればオッケー

俺の2度の借金のせいで、家族からの信頼を失い、仲良くしていた人もみんな離れていきました。自業自得なのですが、孤独とは辛いものです。

今思えば、1人じゃないと思いたいから、俺はエリカに執着してしまったのかもしれません。

自分がまいた種とはいえ、昼間は派遣社員として働き、毎日ではないものの夜や休日はバイトをしているので、体力的にも気力的にもしんどい時はあります。いまだにクレジットカードは持てないし、ローンは組めない。Wi-Fiを引いたのも最近だし、「50過ぎてなにやってるんだろう」と思う時もあります。

でも、あまり引きずらず「なんとかなるさ」の精神で生きていくようにしています。おいしいものを食べたらハッピーになれるし、ニャンズを撫でていれば、黒い気持ちもスーッと消えていきます。それに、今を楽しく生きるがモットーなので！

エリカと奈緒美と別れてからは、毎日を必死に生きています。借金も父ちゃん経由でコツコツ返しています。

父ちゃんに言われた言葉「まさお、人はな、やり直すのに遅いなんてことはないぞ。本気でやり直したいと思った時、人は変われる。いくつになってもな」この言葉を胸に、借金を全額返済するまで頑張ります！

まさお流

コスパめしの基本ルール

先にもお話ししたように、月の生活費を8万円でやりくりしているので、食費に使えるお金は約1万4000円しかありません。低予算でも毎日おいしい酒とアテを楽しむために、買い物や食材の使い方も工夫しています。

1 業務用のスーパーやディスカウントスーパーを活用！

食材は基本的に、業務用のスーパーやディスカウントスーパーで「まとめ買い」をしています。特に業務用の冷凍野菜は便利！ よく使うもの（俺の場合はおくらやいんげん）、色々な料理に使いまわせるもの（玉ねぎ、ブロッコリーなど）を冷凍野菜で購入しておくと、いつでも使えて便利です。

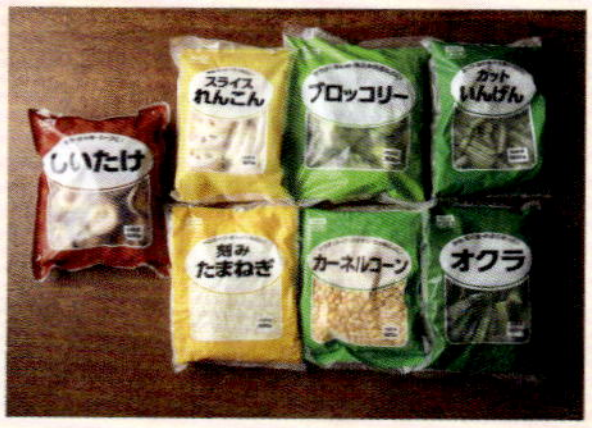

2 肉類はジャンボパックでお得に常備

肉類はジャンボパックで購入したほうがお得。まとめて購入し、小分けにして冷凍ストックしています。特に豚こま肉、各種ひき肉、安くて高タンパク低カロリーな鶏むね肉は、色々な料理に使えるので、常に冷凍庫にキープしています。

3 調味料は使い方次第でバリエーションが広がる

めんつゆ、焼肉のたれ、鶏ガラスープの素、カレーパウダー、トマトソースなどは、これだけで味が決まるので、お弁当など朝の忙しい時間の調理に便利です。また、ほかの調味料と組み合わせて使えば料理のバリエーションが広がります。

4 冷凍加工品も上手に使う

業務用のスーパーだと、冷凍コロッケやチキンカツなどのお惣菜も、大容量で安く買えるのでよく活用しています。すぐに食べたい時に便利なのはもちろん、卵でとじてチキンカツにして、お弁当のおかずにするのもおすすめです。単価にすると安上がりなのもポイント。

ほかにも……

★春雨、干ししいたけ、ひじき、切り干し大根などの乾物は、保存も効くし色々な料理に使えるのであると便利。

★大根、キャベツなど大きい野菜は丸ごと買った方がお得！ 余ったら下茹でして冷凍保存しておけば、いろんな料理に使えて便利です。

レシピのルール

● 本書のレシピは、YouTubeチャンネル『ダメ派遣男まさお』の動画を基に作成しています。作りやすさを考慮し、材料や作り方等は一部変更している部分があります。

● 材料費は九州地方の業務用スーパー、ディスカウントスーパーの価格を参考に算出しています。

● 各レシピの火加減や加熱時間は目安です。ご使用の機器によって異なるので、様子を見ながら調理してください。

● 電子レンジの加熱時間は６００Ｗを使用した場合です。ご使用の電子レンジによって異なるので、様子を見ながら時間を調整してください。

● 電子レンジを使用する際は、必ず耐熱性の容器や皿を使用しましょう。

● 計量単位は、大さじ１＝15㎖、小さじ１＝５㎖、１カップ＝２００㎖です。

● 野菜などの下処理（洗う、皮をむく等）は、基本的に作り方から省略しています。

● 本書はまさおの食事をメインテーマにしているため、レシピによっては通常より大盛りなものもあります。

材料費について

● 材料費は基本1人分（または1個分）の金額です。

● 各種調味料、だしの素、スープの素、各種食用油(マーガリン含む)、添えものの野菜などは、金額に含まれていません。

● 粉類(小麦粉、片栗粉など)も基本的には金額に含まれていません。ただし、チヂミや天ぷらの衣など、まとまった量を使用する場合は金額に含んでいます。

もくじ

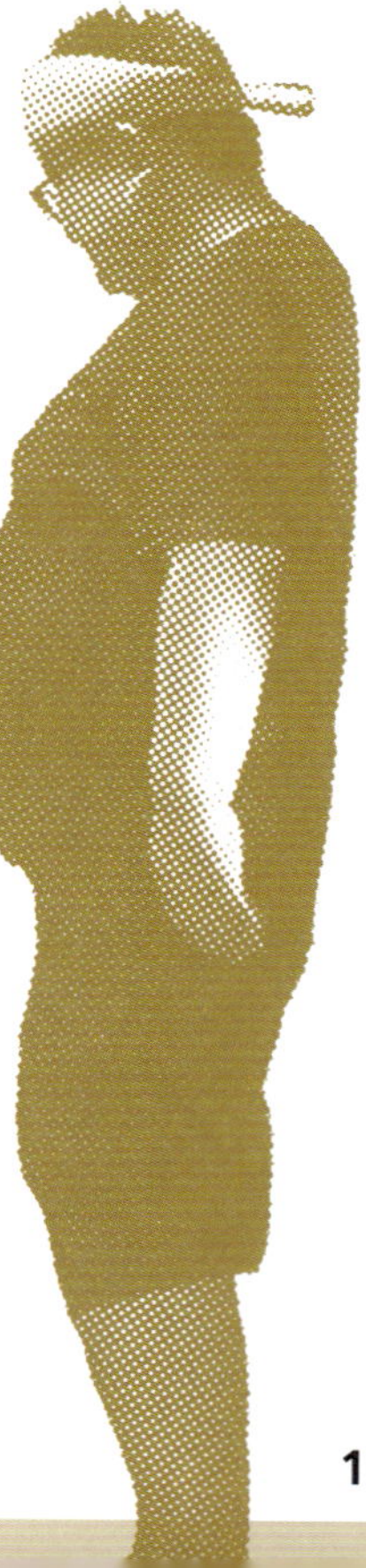

調理／大内靖子
写真／市瀬真以
スタイリスト／木村柚加利
デザイン／谷由紀恵
校正／鴎来堂
編集協力／プー・新井
SPECIAL THANKS
／SUZURI byGMOペパボ

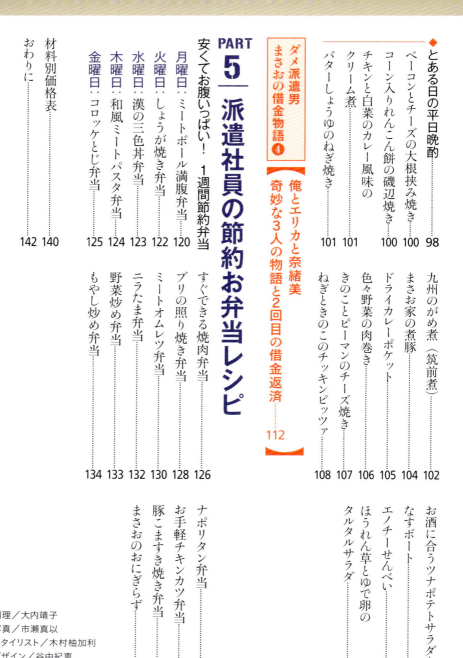

PART 1

まさお的ベストメニュー

まさおの晩酌といったらまずはこれ！
動画再生数の高いレシピや定番料理、
ソウルフードやお袋の味をご紹介！

ピーマンの肉詰め煮

100万回再生動画で大人気！
焼きが定番だけど、あえて煮る！

1人分 **57円** で作れる！

材料 （2人分）

ピーマン…3個
玉ねぎ…1/4個
鶏ひき肉…100g
塩、こしょう…少々
片栗粉…適量

A
- 酒…大さじ1
- みりん…大さじ1
- ケチャップ…大さじ1
- ソース…大さじ1と1/2
- しょうゆ…小さじ1
- 砂糖…小さじ1

サラダ油…適量

作り方

1 ピーマンは種とヘタを取って縦半分に切る。玉ねぎは粗みじん切りにする。

2 ボウルに1の玉ねぎと鶏ひき肉を入れ、塩、こしょうを加えてよく混ぜる。

3 ピーマンの内側に片栗粉をまぶし、2をいっぱいになるまで詰める。

4 ボウルにAの材料をすべて入れてよく混ぜる。

5 フライパンにサラダ油を入れて熱し、3を肉の面を下にして並べる。

6 肉に焼き色がついたら裏返し、ふたをして弱火で3分蒸し焼きにする。

7 4を加え、よく絡めながら弱火で2分ほど煮る。

材料（2人分）

油揚げ…2枚
豚ひき肉（鶏ひき肉や合挽き肉でもOK）…120g
長ねぎ…1/2本
キャベツ…1枚

A
- おろししょうが（チューブ）…小さじ1/2
- おろしにんにく（チューブ）…小さじ1/2
- 酒…小さじ1
- しょうゆ…小さじ1/2
- 鶏ガラスープ（顆粒）…小さじ1/4

水…大さじ1
ポン酢…適量
サラダ油…適量

作り方

1. 油揚げはキッチンペーパーで余分な油を吸い取り、**箸を前後に転がす**（油揚げが開けやすくなる）。半分に切り、袋状に中を開いておく。長ねぎとキャベツはみじん切りにする。
2. ポリ袋に豚ひき肉、1の長ねぎとキャベツ、Aを入れ、よく揉む。
3. 1の油揚げに2をギュウギュウに詰める。
4. フライパンにサラダ油を入れて熱し、3を口を下にして並べ、中火で焼く。
5. 口の部分が焼けたら横に倒し、水を入れてふたをし、弱火で3分ほど蒸し焼きにする。
6. 水がなくなり、両面にこんがり焼き目がつくまで焼く。そのまま、または半分に切って器に盛り、お好みでポン酢をかけて食べる。

POINT

長ねぎの代わりにニラを、キャベツの代わりに刻み玉ねぎで使ってもおいしい！

まさおのド定番レシピ1

油揚げのひき肉ギュウギュウ

母ちゃん直伝！
焼いても煮てもおいしい
お肉ギュウギュウな油揚げ版餃子

1人分 101円 で作れる！

まさおのド定番レシピ2

豚こまと大根のピリ辛煮

出稼ぎ先の共同生活で「ご飯が止まらなくなる」と評判だったまさおの1番人気メニュー！

1人分 **124円** で作れる！

材料 (2人分)

豚こま肉…200g
大根…1/2本
長ねぎ…1本
えのきたけ…1袋
水…200ml

A
- 鶏ガラスープの素 (顆粒)…小さじ1と1/2
- 豆板醤… 大さじ1
- おろしにんにく (チューブ)…小さじ2
- おろししょうが (チューブ)…小さじ2
- 酒…50ml
- 砂糖…大さじ1
- しょうゆ…大さじ1と1/2

作り方

1 大根は皮をむき、2cm厚の半月切りにする。長ねぎはみじん切りにし、えのきたけは根本を切り落とし、ほぐしておく。

2 圧力鍋に豚こま肉、1、水、Aを入れてふたをし、弱火で5分煮込む。

3 ふたを外し、煮汁が少なくなるまで煮込む。

普通の鍋で作る場合

鍋にすべての材料に水100mlを追加して入れ、落としぶたをして、弱火で20分ほど煮込む。

POINT

調味料は和風の煮物と同じだけど、鶏だしやにんにく、豆板醤が入ることで、いつもと違うテイストの煮物になりますぞ!

まさおのド定番レシピ3

幸せの黄色いマカロニサラダ

母ちゃん直伝の黄色いマカロニサラダ
あの名作映画のように幸せが来るかも？

1人分 36円で作れる！

材料 （2人分）

マカロニ…40g
冷凍ブロッコリー…50g
ゆで卵…2個
マヨネーズ…大さじ4
砂糖…小さじ1
塩、こしょう…少々
ブラックペッパー…少々

作り方

1 マカロニは袋の表記通りに茹でる。冷凍ブロッコリーは好みの固さに加熱して冷まし、小房にしておく。

2 ゆで卵は白身と黄身で分け、白身はみじん切りにし、黄身はボウルに入れてつぶしておく。

3 2の黄身をつぶしたボウルに、マヨネーズと砂糖を入れ、ペースト状になるまでよく混ぜ、塩、こしょうを振る。

4 すべての材料を加えてよくあえ、最後にブラックペッパーを振ってサッと混ぜる。

残ったマカロニサラダで

マカロニサラダのサンドウィッチ

炭水化物のダブルパンチ！

ボリューム満点!!

材料（1人分）

食パン（8枚切り）…2枚
残ったマカロニサラダ（P.22参照）…適量
マヨネーズ…適量

作り方

1 食パン2枚に、それぞれマヨネーズを隅々まで塗る。

2 片方の食パンに残ったマカロニサラダをたっぷりのせ、残りの食パンでサンドする。

3 半分に切って皿に盛る（またはラップで包んでお弁当にする）。

1人分 40円で作れる！

まさおのド定番レシピ4

トマトと卵の塩炒め

ご飯にのせてかき込んでもおいしい！
ばあちゃんがよく作ってくれた懐かしの味
1人分
47円で作れる！

材料（2人分）

トマト…2個
卵…2個
鶏ガラスープの素（顆粒）…小さじ1/2
塩、こしょう…少々
ごま油…適量

作り方

1. トマトは食べやすい大きさに切る。
2. ボウルに卵を割り、鶏ガラスープの素を入れて混ぜる。
3. フライパンにごま油を入れて熱し、2を入れ、スクランブルエッグの要領で焼き、半熟になったら、一旦皿に取り出す。
4. 空いたフライパンにごま油を引き、トマトを入れ、弱火で2分ほど、形が崩れないようにやさしく炒める。
5. 3を戻し入れてさっと炒め、味が足りないようなら塩、こしょうで調える。

タルタルソース山盛りがたまらんばい！
週1で食べるまさおのガソリン

1人分 104円 で作れる！

まさおのド定番レシピ5

まさおのチッキン南蛮

材料（2人分）

鶏むね肉…1枚
玉ねぎ…1/4個
ゆで卵…2個
マヨネーズ…大さじ3
塩、こしょう…少々
片栗粉…適量

南蛮酢

- 砂糖…大さじ2
- 酢…大さじ3
- しょうゆ…大さじ2

揚げ油…適量

作り方

1. 玉ねぎはみじん切りにする。
2. ボウルにゆで卵を入れて細かくつぶし、1、マヨネーズを加えてよく混ぜ、タルタルソースを作る。
3. 耐熱容器に 南蛮酢 の材料を入れ、ラップをかけ、600Wの電子レンジで1分加熱する。
4. 鶏むね肉は厚さが均等になるよう観音開きにし、フォークで数カ所刺し、塩、こしょうを振る。
5. 4にまんべんなく片栗粉をまぶし、170度の油で5分ほど揚げる。
6. 油を切って、食べやすい大きさに切り、皿に盛って、南蛮酢とタルタルソースをかける。

まさおのド定番レシピ6

豚巻き長ねぎのだし漬け

母ちゃんの思い出レシピを再現！
さっぱりスッキリおいしい豚巻き

POINT

- 小麦粉をまぶして焼くことで、肉が固くならない！
- だし汁には1時間くらい漬け込むとおいしいですぞ！

1人分 71円で作れる！

材料（2人分）

長ねぎ…1本
豚ロース（薄切り）…120g
小麦粉…適量
A
- かつおだしの素（顆粒）…小さじ1
- 水…200ml
- 酒…小さじ2
- みりん…小さじ1
- 砂糖…小さじ1
- しょうゆ…大さじ1と1/2

サラダ油…適量

作り方

1. 長ねぎは5cmの長さに切り、豚ロースを巻きつけ、小麦粉をまぶす。
2. フライパンにサラダ油を入れて熱し、1を入れ、表面の色が変わるまで中火で転がしながら焼く。
3. ふたをして、時々転がしながら弱火で3分ほど蒸し焼きにし（ねぎがトロッとしてくるくらい）、全体に焼き色がついたら火からおろす。
4. 小鍋にAを入れてひと煮立ちさせ、火からおろして冷ます。
5. 3と4をタッパーなどに移し、15分ほど漬け込み、食べやすい長さに切り、皿に盛る。

鶏むね肉とおくらのしょうが焼き

ネバネバヘルスィーで
食べごたえ満点なしょうが焼き！

材料（2人分）

鶏むね肉…1/2枚
冷凍おくら…5本
A
- 酒…25ml
- みりん…25ml
- しょうゆ…25ml
- おろししょうが（チューブ）…小さじ1

片栗粉…大さじ1
サラダ油…大さじ1

作り方

1 鶏むね肉は薄めの削ぎ切りにし、冷凍おくらはサッと茹でる。ボウルなどにAの材料を入れてよく混ぜておく。

2 ポリ袋に1を入れて軽く揉み、冷蔵庫で10分寝かす。

3 2の鶏肉だけを取り、まんべんなく片栗粉をまぶす（汁は残す）。

4 フライパンにサラダ油を入れて熱し、3を入れ、中火で両面にこんがり焼き色がつくまで焼く。

5 3の汁を入れてよく絡め、おくらも加えてさらに絡める。

POINT

おくらの代わりにかぼちゃで作ってもおいしいよ。

1人分 57円 で作れる！

まさおのド定番レシピ7

アジの南蛮漬け

まさお家の定番魚料理といえばコレ！
頭も骨も食べられて常備菜にもなる

1人分 40円で作れる！

材料（2人分）

豆アジ（小アジ）
…1/2パック
玉ねぎ…1/2個
にんじん…2/3本

A
- 酢…200ml
- かつおだしの素（顆粒）…小さじ2
- しょうゆ…大さじ1
- 砂糖…大さじ4
- 塩…小さじ2/3

片栗粉…適量
揚げ油…適量

作り方

1 豆アジはエラと内臓、ぜいごを取り除いて水で洗い、キッチンペーパーでよく水気を拭き取る。玉ねぎは薄くスライスし、にんじんはせん切りにする。

2 Aをタッパーに入れてよく溶き、1の野菜を入れて軽く混ぜる。

3 豆アジに片栗粉をまぶし、180度の油でカラリと揚げる。

4 油を切り、熱いうちに2に入れ、全体に漬けだれが行き渡るよう軽く混ぜる。冷蔵庫で1時間以上おく。

POINT

1時間くらいで食べられるけど、ひと晩置いて味がしみしみなのも超おすすめ！

長崎天ぷら

1人分 **89円** で作れる！

揚げたてがおすすめ！
少し甘めの衣は結構クセになりますぞ！

材料（2人分）

鶏むね肉…1/3枚
冷凍いんげん…80g
冷凍おくら…2本
冷凍しいたけ…3個
酒…適量
しょうゆ…適量

衣
- 天ぷら粉…1.5カップ
- 酒…大さじ1
- 砂糖…小さじ1
- 塩…小さじ1/2
- 水…3/4カップ

揚げ油…適量

POINT

フリッターのような少し重ための衣にするのがポイント。季節やお好みの具材で作ってみて！

作り方

1. 鶏むね肉は、酒、しょうゆで下味をつける。冷凍いんげん、冷凍おくら、冷凍しいたけは、解凍してキッチンペーパーで水気をとっておく。
2. ボウルに 衣 の材料を入れて混ぜる。重ための、もったりした衣にすること。
3. 鍋に揚げ油を入れて180度に温め、肉や野菜（いんげんは3〜4本ずつ）に衣をつけて揚げる。
4. こんがり揚げ色がついて浮いてきたら取り出し、油を切る。

サバ缶でお手軽 大根の煮物

材料（2人分）

大根…1/4本
サバの缶詰（味噌煮）
…1個（200g）
水…150ml
A
- しょうゆ…大さじ2
- 酒…大さじ1
- 砂糖…大さじ1
- みりん…大さじ1

水溶き片栗粉…適量

作り方

1 大根は皮をむいて、1cm厚のいちょう切りにする。

2 鍋に水と大根、サバの缶詰を汁ごと入れる。

3 2にAの材料をすべて入れ、ふたをして弱火で10分煮る。

4 大根に味が染みたら、水溶き片栗粉を加えて軽く混ぜる。

サバの旨味が大根に染み込んで
酒もご飯も止まらない！

1人分 **67円**で作れる！

コンソメポテトのチーズ焼き

チーズとじゃがいも、そしてコンソメ味
絶対においしい組み合わせ！

1人分 **35円** で作れる！

材料（2人分）

じゃがいも…大1個
塩、こしょう…少々
コンソメスープの素
…小さじ1
水…大さじ1と1/2
ピザ用チーズ…適量
マーガリン…適量

作り方

1. じゃがいもは皮をむいて薄くスライスする。
2. 耐熱ボウルに1、塩、こしょう、コンソメスープの素、水を入れてよくあえる。
3. 2にラップをかけ、600Wの電子レンジで5分加熱する。
4. 耐熱皿にマーガリンを薄く塗り、3を入れ、ピザ用チーズをたっぷりのせる。
5. あらかじめ温めておいたオーブントースターで5分、焼き目がつくまで焼く。

まさおのお花見弁当

太っちょ男のお花見動画が再生数３４０回万超！
お金がなくても季節の行事を楽しむ！

おいなりさん

1人分 **89円** で作れる！

運動会、お花見、外でもお弁当と言ったらコレ！
ちょっと濃いめの味付けがまさお流

材料 （2人分）

油揚げ…1袋（4枚入り）
ご飯…500g
砂糖…大さじ3
酢…大さじ3

A
- みりん…大さじ2
- 砂糖…大さじ3
- しょうゆ…大さじ2
- かつおだしの素（顆粒）…大さじ1/2
- 酒…大さじ3

炒りごま…大さじ1

作り方

1. 油揚げはP.18の手順1を参照し、下準備しておく。ボウルに砂糖と酢を混ぜておく（調味酢）。
2. 鍋にAを入れてよく混ぜる。1を入れ、落としぶたをして弱火で15分ほど煮て、冷ます。
3. ボウルにご飯と1の調味酢を入れ、切るように混ぜる。
4. 粗熱をとり、炒りごまを入れ、さっくり混ぜる。
5. 2の汁気を軽く絞り、4を丸めて詰め、油揚げの口をたたむ。

POINT

- 油揚げの味つけ（作り方2）は、前日の夜に作っておくのがおすすめ。味が染み込んでおいしいよ！
- 酢飯には刻んだたくあんなどを混ぜてもおいしい。

豚バラのねぎ巻き

1人分 **39円** で作れる！

**豚バラの旨みがねぎに染み込んでおいしい！
シンプルだけどあとを引く旨さ**

材料（2人分）

長ねぎ…1/2本
豚バラ肉（薄切り）
…3枚
小麦粉…適量
酒…大さじ1と1/2
みりん…大さじ1と1/2
めんつゆ（3倍濃縮）
…大さじ1と1/2
砂糖…小さじ2
サラダ油…適量

作り方

1 長ねぎは7～8cmの長さに切り、豚バラ肉を巻きつけ、まんべんなく小麦粉をまぶす。

2 フライパンにサラダ油を薄く引いて熱し、1を入れ、焼き色がつくまで焼く。

3 2に酒、みりん、めんつゆ、砂糖を入れる。ふたをして、たれを絡めるように数回揺すりながら、弱火で2分ほど煮る。

4 食べやすい長さに切り、盛り付ける。

玉子巾着

**あら可愛い～！
色気のない漢弁当もオシャレに変身**

材料（2人分）

卵…2個
カニ風味かまぼこ
…1/2パック（5本）
長ねぎ（青い部分）
…5cm
白だし…小さじ1

1人分 **38円** で作れる！

作り方

1 カニ風味かまぼこは細かく割く。長ねぎは小口切りにする。

2 ボウルに卵を割り入れ、1と白だしを加えてよく混ぜる。

3 小鉢にラップを敷いて**2を1/4量ずつ注ぎ**、口を絞って**輪ゴムで留める**。これを残り3つ作る。

4 鍋に3が浸かる程度の水を入れて沸騰させ、3を入れ、弱火で5分ほど茹でる。

5 ぷっくり膨らんできたら引き上げ、粗熱をとる。

6 ラップをはがし、盛り付ける。

ダメ派遣男
まさおの
借金物語❶

飲み屋の女にハマって20代で借金８００万円背負った男の物語1

男の借金というと、大抵はギャンブルか女が定番。俺の場合は女だった。それも飲み屋の女にハマって、20代半ばで８００万円、30代で５００万円、合計１３００万円もの借金を抱えてしまったのだ。

これは、そんなダメな男の物語……。

人生を変える女〝エリカ〟との出会い

俺は九州の小さな離島で生まれ育った。美しい島だけど〝島民みんな顔見知り〟なため、なにかあれば筒抜けという状態に窮屈さを感じていた。島の外に出て誰も俺を知らない都会に住んでみたい。それが俺の憧れだった。

そして高校を卒業後、俺は建築関係の専門学校に進学することになり、念願かなって島を出ることになった。どんな生活が待っているんだろう？ そんな期待でいっぱいだった。

専門学校を卒業し、俺は建築関係の会社に就職した。5年ほど経った頃、世の中に不景気がおとずれ、勤めていた会社もほとんどの人が退職することになった。俺はフリーランスになり、設計図を基に工事に必要な費用を算出する「積算」という仕事を始めた。同じ会社の部長だった先輩も仕事を回してくれて、生活するのに十分な収入を得られていた。

その頃の俺は、先輩やお客さんと毎晩のように飲み歩いた。居酒屋から開始し、スナック（いまで言うところのキャバクラ）やキャバレーに流れるのがいつもの流れ。ほとんどは先輩が奢ってくれていた。

　そんな中、週2日は通っていたスナックがあった。ある日、いつものように店へ行くと、ボーイさんが「いつもご指名いただいていたYさんが辞めてしまったんです。代わりに、昨日入った新人の子をつけますね」と言って、1人の女の子を連れてきた。

「初めまして。昨日入店したエリカです！　隣座ってもいいですか？」

　こうして俺は出会ってしまったのだ。俺の人生を変える運命の女・エリカに！

坂道を転げ落ちる石の如《ごと》く

　エリカは俺の隣に座ると、俺の顔を覗き込んで微笑んだ。

「(か、かわいい！！！)す、素敵な髪型ですね。おかっぱっていうんですか？」

　緊張してトンチンカンなことを言う俺に「せめてボブって言ってよ～」とケラケラ笑うエリカ。

　夜の仕事は初めてだということ、年齢は20歳だということ、くだらない話で俺たちは笑い合って、飲み屋の女っぽくないエリカを俺はすっかり気に入ってしまった。

　時間になり、先輩たちは帰ると言ったけど、〝もうちょっと話がしたいな……〟そう思った俺は、1人残って延長することにした。

　延長が取れたエリカは上機嫌で、「ありがとう、初めての延長だから嬉しかった」と言って、名刺の裏にメールアドレスと携帯の番号を書いてくれた。

「いつでもかけてね。初めてのお客さんになってくれてありがとう」

　俺はまた指名する約束をして店を出た。財布にはもう小銭しかなかったが、俺の足取りは軽かった。

　それから俺は、エリカのことが頭から離れなくなり、頻繁に店に通いだした。

エリカと出会った頃の若かりし自分

エリカは、俺が知っている夜のお店の子とは違っていた。大抵の子は、低身長で体重が１００kgの俺に対しても、「素敵」「かっこいい」とか言ったり、店に行かなければ『また、まさおさんに会いたいな』とかわいらしいメール（当時はＳＮＳなどなかった）を送ってくれたりしたけど、エリカはそういうことは一切言わないし、営業メールもまったくナシ。

実は、初めてエリカに会った日の夜、俺はエリカにメールを送っていたのだ。しかし返事は来ず、思い切って電話をかけてみたものの当然出ない。

〝客の連絡に出ないということがあるだろうか。もしかして嫌われた？〟

でも店に行けば、エリカはいたって普通に「ヤッホ！」とだけ言って俺の隣に座るのだ。

そんなある日の開店待ちをしている時、俺の後ろでほかのお客が「エリカからお土産あるからお店に来てって電話があった」と話しているのが聞こえた。

〝エリカから電話？　俺が電話しても出ないのになんで⁉　俺はエリカの最初のお客さんだぞ！〟

俺はだんだん腹が立ってきて、その日はほかの女の子を指名してしまった。エリカもそれに気付いていたが平然としていた。夜の女の子相手にムキになっている自分。なんだろうこの初めての感情は……。

翌日、エリカのことが気になりつつも仕事をしていると突然電話が鳴った。なんとエリカからだ！

『も、もしもし？』

『あのさ、たこ焼き買ってきて！』

まったく意味不明だ。でも、俺の心はウキウキワクワクしている。

「そっか、俺はエリカのことが好きなんだ……」ようやくそれに気付いた。

たこ焼きを持って、いそいそと店に向かうと「買ってきた？　お腹すいた！」とそれを受け取ってパクパクと食べ、ガバガバとビールを飲むエリカ。その日はアフターで朝方まで飲み、さらには「明日は

同伴しよ」とまで言ってくれた。

そしてこの日を境に、俺は人生の坂道をゴロゴロと転げ落ちていった。

借金生活の始まり

それからというもの、俺は毎日のように店に通い、開店から閉店まで居続けた。

それをやると「エリカさんオープンラストおめでとう！」とアナウンスが流れてみんなから拍手されるので、俺も鼻高々な気分になった。

当時、俺の給料は月25万円くらい。開店から閉店まで店にいると大体５万円。当然足りるわけない。でも、エリカに会えなくなるのは耐えられない！

そうなってくると、まず手をつけるのが貯金だ。１００万くらいあった貯金はあっという間になくなっていく。普通ならここで店に行くのをやめるのだろうけど、当時の俺は依存症みたいな感じで、「俺の居場所はここしかない！　俺はエリカの初めての客！」と本気で思っていたのだ。

同伴、オープンラスト、アフター、店が終わったら彼氏の家まで送迎。その時だけは、夜中の２人きりのドライブ。行き先はもちろん彼氏の家だ。たとえ彼氏がいたとしても、俺を信頼している証拠だと、むしろ嬉しい気持ちさえ湧いていた。

さらには、彼氏と一緒に住む部屋を借りてやり、引っ越し費用を出したり、家電も買ってあげたりした。エリカにとって都合のいい男となっていった。

エリカとのつながりを絶ちたくない気持ちと、いつかは振り向いてくれるんじゃないかという期待から、俺は喜んでエリカに貢いでいった。

でも、１人夜道を歩いていると、急に現実に引き戻される。

「どうしよう。貯金、もうない……」

PART 2

白米必須なおかずレシピ

白飯と、この中のどれか一品があればオッケー！
なにを食べようか考えるのが楽しくなって
白米もお酒もどんどん進む！

お好み焼き風キャベバーグ

ふんわりヘルシーなのにボリューミー
106kg男も罪悪感なく満腹！

材料 （2人分）

キャベツ…中1枚
冷凍刻み玉ねぎ…50g
木綿豆腐…1/2丁
鶏ひき肉…200g
おろししょうが（チューブ）…小さじ1
塩、こしょう…少々
片栗粉…大さじ2
マヨネーズ…大さじ1
しょうゆ…少々
サラダ油…適量
せん切りキャベツ…適量
お好みでマヨネーズ、ソース、青のり、
かつお節…適量

作り方

1. キャベツはせん切りにする。木綿豆腐は水を切っておく。
2. 耐熱容器に1のキャベツと冷凍刻み玉ねぎを入れてラップをかけ、600Wの電子レンジで2分加熱し、軽く絞って水を切る。
3. ボウルに1の木綿豆腐を入れて細かくつぶし、鶏ひき肉、2、おろししょうが、塩、こしょうを加えてよく混ぜる。
4. 片栗粉、マヨネーズ、しょうゆを加え、さらによく混ぜる。
5. お好みの大きさに等分し、小判型に成形する。
6. フライパンにサラダ油を引いて熱し、5を入れ、ふたをして中火で3分ほど焼き、裏返してさらに中火で3分ほど焼く。
7. せん切りキャベツを添えた皿に盛り、お好みでマヨネーズ、ソース、青のり、かつお節をかける。

1人分 76円で作れる！
（せん切りキャベツ含まず）

なすと鶏ひき肉のはさみ焼き

材料 (2人分)

鶏ひき肉…100g
なす…1本
冷凍おくら…2本
長ねぎ(青い部分・みじん切り)…大さじ2

A
- おろししょうが(チューブ)…小さじ1
- 酒…小さじ1
- みりん…小さじ1
- しょうゆ…小さじ1
- 片栗粉…小さじ1

片栗粉(なすまぶし用)…適量

B
- 水…150ml
- かつおだしの素(顆粒)…小さじ1
- 酒…大さじ1
- みりん…大さじ1
- 砂糖…小さじ1
- しょうゆ…小さじ2

サラダ油…適量

作り方

1 なすは縦に半分にし、さらに縦3カ所に切り込みを入れ、水にさらしておく。冷凍おくらは解凍し、小口切りにしておく。

2 ボウルに長ねぎ、鶏ひき肉、Aを入れ、粘りが出るまでよく混ぜる。

3 1のなすの水分を拭き取り、**全体に片栗粉をまぶし、切り込みの間に2を挟む。**

4 フライパンにサラダ油を引いて熱し、3を皮側を上にして入れ、中火で焼き色がつくまで焼く。

5 裏返してふたをし、中まで火が通るまで弱火で5〜6分蒸し焼きにする。

6 小鍋にBをすべて入れてひと煮立ちさせ、1のおくらを加えてサッと煮る。

7 5を器に盛り、6をかける。

なすと鶏ひき肉のジューシーペアに おくらだしのアクセントを加えて

1人分 69円で作れる！

肉豆腐

定期的に白飯と一緒に
かき込みたくなる
味染み染みの定番おかず

1人分 64円で作れる！

まさおの麻婆豆腐

辛め&濃い味の麻婆で
晩酌も丼飯も進みまくって止まらない！

1人分 67円で作れる！

材料（2人分）

木綿豆腐…1丁
豚こま肉…100g
玉ねぎ…1/2個
酒…適量
A
- 水…250ml
- かつおだしの素（顆粒）…小さじ1
- 酒…大さじ2
- みりん…大さじ2
- 砂糖…小さじ2
- しょうゆ…大さじ2

サラダ油…適量

作り方

1. 玉ねぎは1cm幅に切る。木綿豆腐は水を切り、食べやすい大きさに切る。豚こま肉は酒をまぶし、よく揉み込んでおく。
2. フライパンにサラダ油を引いて熱し、1の豚肉を入れ、中火で炒める。
3. 肉の色が変わったら、玉ねぎを加え、全体に油がまわるように炒める。
4. Aを加えてふたをして、玉ねぎが柔らかくなるまで弱火で5分ほど煮る。
5. 豆腐を加え、落としぶたをして弱火で5分ほど、豆腐に味が染み込むまで煮る。

材料（2人分）

絹ごし豆腐…1/2丁
長ねぎ…1/2本
豚ひき肉…100g
豆板醤…小さじ1～2（好みで調整）
おろしにんにく（チューブ）…小さじ2
麻辣醤《マーラージャン》…小さじ1
甜麺醤《テンメンジャン》…小さじ2
水…100ml
花椒《ホアジャオ》…少々
しょうゆ…小さじ1
水溶き片栗粉…適量
サラダ油…適量

作り方

1. 豆腐は水を切ってさいの目に切っておく。長ねぎはみじん切りにする。
2. フライパンにサラダ油、豆板醤、おろしにんにくを入れ、弱火にかけて炒める。
3. 香りが立ってきたら、麻辣醤、甜麺醤を入れてさらに炒める。
4. 水を加えて軽く混ぜ、豆腐と豚ひき肉を入れ、中火で肉の色が変わるまで煮る。
5. 花椒、しょうゆ、長ねぎを加え、豆腐を崩さないようにサッと混ぜる。
6. 水溶き片栗粉を加えてとろみをつける。

おくらのお星様バーグ

ぼっち男のハートとお腹を満たす
お星様みたいな可愛いハンバーグ

1人分 **107円** で作れる！
（水菜含まず）

材料（2人分）

合挽き肉…150g
冷凍刻み玉ねぎ…100g
冷凍おくら…4本
パン粉…大さじ1と1/2
マヨネーズ…大さじ1
塩、こしょう…少々
小麦粉…適量
サラダ油…適量
水菜（5cmくらいに
　切ったもの）…適量
ケチャップ…適量

作り方

1 冷凍おくらは解凍して水気を切っておく。

2 フライパンにサラダ油を引いて中火にかけ、冷凍刻み玉ねぎをきつね色になるまで炒め、ボウルにあげる。

3 2の粗熱がとれたら、合挽き肉を入れ、パン粉、マヨネーズ、塩、こしょうを加えてよくこね、4等分にする。

4 ポリ袋に1と小麦粉を入れ、袋を揉んでよくまぶす。

5 3で4を包む。

6 フライパンにサラダ油を引いて熱し、5を入れ、焼き目がつくまで焼く。

7 ふたをして、弱火で3分蒸し焼きにする。

8 7を半分に切り、水菜と皿に盛りつけ、ケチャップを添える。

でっかいカレーチキンピカタ

ふんわり卵と鶏むね肉が相性抜群！
みんな大好きカレー味でペロリとイケる

材料（2人分）

鶏むね肉…1枚（300g）
卵…2個
塩、こしょう…少々
A［カレー粉…小さじ2
　 小麦粉…大さじ3
オリーブオイル…適量
ケチャップ…適量

作り方

1. 鶏むね肉は観音開きにしてフォークで数カ所刺し、両面に塩、こしょうを振ってポリ袋に入れてよく揉み、冷蔵庫で10～20分置く。Aは小鉢などに入れてよく混ぜる。
2. 1の鶏肉を取り出してトレーなどに置き、Aを全体にまんべんなくつける。
3. ボウルに卵を割りほぐし、2を浸ける。
4. フライパンにオリーブオイルを引いて熱し、3の鶏肉を入れ、残りの卵液も上からかけ、弱めの中火で5分焼く。
5. 裏返してふたをし、さらに5分焼き、ふたを開け、ふたたび裏返して3分焼く。
6. 中まで火が通ったら、取り出して食べやすい大きさに切る。皿に盛り、ケチャップを添える。

1人分 100円で作れる！

フライパンバーグ

男子の夢と希望を叶える
憧れのフライパンサイズをワイルドに喰らう！

1人分 181円 で作れる！

材料（3人分）

合挽き肉…400g
冷凍いんげん…適量
トマト…1個
冷凍刻み玉ねぎ…100g
卵…1個
スライスチーズ…1枚
しょうゆ…小さじ1/4
塩、こしょう…少々
おろしにんにく（チューブ）…小さじ1/4
パン粉…1カップ
ナツメグ…適量
A ケチャップ…大さじ1と1/2
　ウスターソース…大さじ1
　粒マスタード…小さじ1
水…大さじ2
サラダ油…大さじ1/2と適量

作り方

1 冷凍いんげんは解凍し、食べやすい長さに切る。トマトは5mm幅に切る。

2 耐熱容器に、冷凍刻み玉ねぎとサラダ油大さじ1/2を入れて混ぜ、ラップをせずに600Wの電子レンジで2分加熱し、粗熱をとる。

3 ポリ袋に、合挽き肉、卵、しょうゆ、塩、こしょう、おろしにんにく、パン粉、ナツメグ、2を入れてしっかりこね、丸く成形する。

4 小さめのフライパンにサラダ油を引いて熱し、3を入れて形を整え、強めの中火で2分焼く。

5 焼き色がついたら一旦火を止め、ふたを使って裏返す。

6 小鉢などにAの材料を入れてよく混ぜる。

7 ハンバーグの上に6を塗り、トマト、いんげん、スライスチーズの順にのせる。

8 ハンバーグの周りに水を回し入れ、ふたをして強火にかける。

9 水が煮立ったら弱火にし、15分蒸し焼きにする。

POINT
バーナーでチーズに焼き目をつけるとさらにおいしそうに！

豚こまボールの唐揚げ（ニラだれあえ）

材料　（2人分）

豚こま肉…250g
ニラ（みじん切り）…1/2束
炒りごま…適量
酒…大さじ3
塩、こしょう…少々
片栗粉…適量

A
- 水…大さじ2
- 酢…大さじ1
- みりん…小さじ2
- 砂糖…大さじ1
- しょうゆ…大さじ2
- オイスターソース…小さじ1
- おろしにんにく（チューブ）…大さじ1/2
- ごま油…大さじ1

揚げ油…適量

作り方

1 ボウルに豚こま肉、酒、塩、こしょうを入れてよく揉み、片栗粉を加えてさらにしっかり揉む。

2 食べやすい大きさに等分し、団子状に成形する（キツめにしっかり握ること）。

3 170度の油で2をカラッと揚げる。この時、油に入れる前に、ギュッと握ってから入れると形が崩れずに揚がる。

4 耐熱ボウルにAを入れ、ラップをかけずに600Wの電子レンジで40秒加熱し、冷ます。

5 4に、ニラと炒りごまを入れて混ぜ、3を加えてよく絡める。

POINT

豚こまボールは揚げるときに崩れやすいので、お団子にする時はキツめにギュッと握ろう。

さっぱりニラだれがよく合う！
食べ応えバッチリのまん丸豚唐揚げ

1人分 103円 で作れる！

豚こま南蛮

タルタルと甘酢が最高にマッチ！
ひと口サイズの豚南蛮

1人分 85円で作れる！
（せん切りキャベツ含まず）

材料 （2人分）

豚こま肉…200g

タルタルソース

- ゆで卵…1個
- 玉ねぎ（みじん切り）…1/4個
- マヨネーズ…大さじ2と1/2
- レモン汁…適量
- 塩…少々
- ブラックペッパー…少々

南蛮酢

- 砂糖…大さじ1
- 酒…大さじ2
- 酢…大さじ1
- しょうゆ…大さじ1

塩、こしょう…少々
片栗粉…適量
水…50ml
サラダ油…適量
せん切りキャベツ…適量

作り方

1 **タルタルソース**を作る。ボウルにゆで卵を入れて細かくつぶし、玉ねぎ（みじん切り）、マヨネーズ、レモン汁、塩を加えてよく混ぜ、仕上げにブラックペッパーを振って軽く混ぜる。

2 ボウルなどに**南蛮酢**の材料を入れてよく混ぜておく。

3 ボウルに豚こま肉と塩、こしょうを入れてよく揉み、片栗粉を加えてさらに混ぜる。

4 3を食べやすい大きさに握って、団子状に成形する（キツめにしっかり握ること）。

5 フライパンにサラダ油を引いて熱し、4を並べ、中火で全面に焼き色がつくまで焼く。

6 水を加えてふたをし、弱火で3分ほど蒸し焼きにする。

7 2を加え、団子が崩れないようやさしく絡める。

8 皿に盛り、1をかけ、せん切りキャベツを添える

まさお家のナゲット

世界的ハンバーガー店のアレに憧れた少年のために
母ちゃんが作ってくれた懐かしの味

材料（2人分）

鶏ひき肉…200g
木綿豆腐…1/2丁

A
- おろししょうが（チューブ）…小さじ1
- マヨネーズ…大さじ2
- 塩、こしょう…小さじ1/2
- 片栗粉…大さじ1と1/2

B
- 粒マスタード…小さじ1/2
- ケチャップ…大さじ1/2
- 中濃ソース…大さじ1/2

揚げ油…適量

作り方

1 木綿豆腐はキッチンペーパーで包んで耐熱容器に入れ、600Wの電子レンジで3分加熱し、水切りをする。

2 ボウルに1を入れ、泡立て器などで細かくつぶし、鶏ひき肉とAを加え、練るようによく混ぜる。

3 2をスプーン2つで形をまとめながら、170度の油に落とし、中に火が通るまで3～4分揚げる。

4 ボウルなどにBの材料をすべて入れてよく混ぜ、ナゲットソースをつくる。

5 3を皿に盛り、4を添える。

1人分 **66円** で作れる！

春雨と鶏ひき肉のしょうゆ炒め

野菜がたっぷり食べられてダイエットにもいいかも（ただし食べすぎ注意！）

1人分 **22円** で作れる！

材料 （2人分）

乾燥春雨…30g
鶏ひき肉…25g
水菜…2株
塩、こしょう…少々
A
- しょうゆ…小さじ1
- 酢…小さじ1
- ごま油…大さじ1/2
- ラー油…約4滴

サラダ油…適量

作り方

1. 春雨は袋の表記通りに戻し、食べやすい長さに切る。水菜は3cmくらいの長さに切る。
2. フライパンにサラダ油を引いて熱し、鶏ひき肉を入れ、中火で炒める。
3. 肉の色が変わったら、塩、こしょうを振ってさっと混ぜる。
4. 春雨を加えて軽く混ぜ、Aの材料を加えてさらに炒める。
5. 水菜を加えてサッと炒める。

まさお家の白菜シュウマイ

思春期ぽっちゃり男子時代によく食べた
白菜を皮に見立てたヘルシーシュウマイ

1人分 **49円**で作れる！

材料（2人分）

鶏ひき肉…100g
玉ねぎ…1/4個
白菜…2枚分
冷凍コーン…適量
A
- オイスターソース…小さじ1
- 鶏ガラスープの素…小さじ2
- 片栗粉…大さじ2

お好みで酢醤油…適量

3

作り方

1. 玉ねぎはみじん切りにする。白菜は縦3cm×横10cmくらいの大きさに切る。
2. ボウルに玉ねぎ、鶏ひき肉、Aの材料を入れてよく混ぜ、食べやすい大きさの団子状に丸める。
3. 1個ずつ白菜を巻き付けていく。
4. 耐熱皿に3を並べ、冷凍コーンをのせる。
5. ラップをかけて爪楊枝で数カ所穴を開け、600Wの電子レンジで5分加熱する。
6. 5を皿に盛り、お好みで酢醤油を添える。

温奴のまいたけとカニカマあんかけ

1人分 48円で作れる！

材料（2人分）

絹ごし豆腐…1丁
カニ風味かまぼこ…1/2パック（5本）
まいたけ…1/2パック

A
- かつおだしの素（顆粒）…小さじ1
- 水…100ml
- 酒…小さじ1
- みりん…小さじ1
- しょうゆ…小さじ1

水溶き片栗粉…適量

作り方

1 豆腐は食べやすい大きさに切り、キッチンペーパーで包むようにして耐熱容器に入れ、600Wの電子レンジで3分加熱し、器に盛る。

2 カニ風味かまぼことまいたけは、ほぐしておく。

3 鍋にAの材料をすべて入れて火にかけ、ひと煮立ちさせる。

4 2を入れ、まいたけに火が通ったら火を止め、水溶き片栗粉を加えてとろみをつけ、1にかける。

ダイエットや食欲がない時にもおすすめ！
スルッと食べられて体も温まるよ

チンゲンサイと卵の中華炒め

いつ食べてもおいしい
シンプル・イズ・ベストな
中華の定番

1人分 70円で作れる！

材料（2人分）

チンゲンサイ…2株
卵…4個
オイスターソース…大さじ2
サラダ油…適量

作り方

1 チンゲンサイはざく切りにする。卵はボウルで割りほぐしておく。

2 フライパンにサラダ油を入れて熱し、1の卵を流し入れ、中火で大きく混ぜながら焼き、半熟になったら、一旦皿に取り出す。

3 空いたフライパンにサラダ油を足し、チンゲンサイを炒める。

4 2を戻し入れ、オイスターソースを加えてさっと炒める。

豚ひき肉とほうれん草のオープンオムレツ

見た目もオシャレだね！
欲しい栄養もボリュームも満点なオムレツ

1人分 **88円** で作れる！

材料（2人分）

卵…2個
ほうれんそう…1/2束
玉ねぎ…1/4個
ミニトマト…4個
鶏ひき肉…50g
A
- 塩、こしょう…少々
- マヨネーズ…大さじ1
- しょうゆ…小さじ1/2

バター…5g
オリーブオイル
…大さじ1/2

作り方

1 ほうれんそうは3cmの長さに切り、玉ねぎは薄切りにする。ミニトマトはヘタを取る。

2 ボウルに卵を割り入れ、Aの材料を加えてよく混ぜておく。

3 フライパンにオリーブオイルを引いて熱し、鶏ひき肉と玉ねぎを入れ、中火で肉の色が変わるまで炒める。

4 ほうれんそうを加えてさらに炒め、火が通ったらミニトマトを加えて炒め、仕上げにバターを加えてさっと炒める。

5 2を流し入れ、ふたをして弱火で5分ほど、好みの固さになるまで蒸し焼きにし、火からおろす。

照り焼き大根サンド

材料（2人分）

大根…2cm
ハンバーグたね（市販）
…100g
片栗粉…適量
A
- みりん…大さじ1
- 砂糖…大さじ1
- しょうゆ…大さじ1

サラダ油…適量

作り方

1. 大根は皮をむき、5mm厚の輪切りにする。
2. 耐熱容器に**1**の大根が浸かるくらいの水（分量外）を入れ、ラップをかけ、爪楊枝で数カ所穴を開け、600Wの電子レンジで3分ほど加熱し、冷ます。
3. キッチンペーパーで**2**の水分をしっかり拭き取り、両面に片栗粉をまぶす。
4. ハンバーグたねを2等分し、大根で挟み、側面にも片栗粉をまぶす。
5. ボウルなどに**A**の材料を入れてよく混ぜる。
6. フライパンにサラダ油を引いて熱し、**4**を入れ、中火で焼き色がつくまで焼き、裏返してふたをし、弱火で2分焼く。
7. ハンバーグたねに火が通ったら、**5**を入れてよく絡めながら味を染み込ませる。

照り焼きソースが決め手！
大根とハンバーグが意外と合う

1人分 **86円** で作れる！

手羽元と大根の煮物

材料（2人分）

大根…1/3本
手羽元…6本
A
- かつおだしの素（顆粒）…大さじ1/2
- 酒…大さじ2
- みりん…大さじ2
- 砂糖…大さじ2
- しょうゆ…大さじ3
- 水…400ml

サラダ油…適量

作り方

1. ボウルにAの材料を入れ、よく混ぜておく。
2. 大根は皮をむいて1.5cm厚のいちょう切りにし、耐熱容器に入れてラップをかけ、600Wの電子レンジで3分加熱する。
3. フライパンにサラダ油を引いて熱し、手羽元を入れ、全体に焼き色をつける。
4. 焼き目がついたら、1と2を入れて軽く混ぜる。
5. 落としぶたをして、弱火で20分ほど煮る。

大根の煮物と言ったらやっぱりこれ！
大根に手羽元の脂と旨みがシミシミ〜

1人分 124円で作れる！

余った大根は冷凍保存がおすすめ！

余りがちな大根は、皮をむいて2cm厚程度の輪切りにし、下茹でしてから冷凍ストックしておくととっても便利！
- 使いたい時にいつでも使える
- 下茹でしてあるから、短時間で味が染染みやすい

冷凍大根で作ってみよう

大根の唐揚げ

ジューシーサクサク！
味の染みた大根の唐揚げにハマる！

材料（2人分）

冷凍大根…4個
水…150ml
白だし…大さじ1
片栗粉…適量
揚げ油…適量

作り方

1. 鍋に、水、白だしを入れて沸騰させ、冷凍大根を入れ、弱火で10分煮る。
2. 火を止め、そのまま30分ほど置いて味を染み込ませる。
3. キッチンペーパーで水分を拭き取り、全体に片栗粉をまぶす。
4. 180度の油で揚げる。

1人分 20円で作れる！

カニカマと大根のあっさり煮

簡単でササッと作れる
さっぱり優しい塩味の煮物

材料（2人分）

大根…10cm
カニ風味かまぼこ…1パック（10本）
水…300ml
白だし…大さじ2
おろししょうが（チューブ）…大さじ1
塩…少々
水溶き片栗粉…適量

作り方

1. 大根は皮をむき、2cm厚のいちょう切りにする。カニ風味かまぼこはほぐしておく。
2. 鍋に1、水、白だしを入れ、弱火で10～15分煮る。
3. 大根に火が通ったら、おろししょうがと1のカニ風味かまぼこを入れ、軽く混ぜる。
4. 塩で味を調え、水溶き片栗粉でとろみをつける。

1人分 62円で作れる！

ダメ派遣男
まさおの
借金物語❷

飲み屋の女にハマって20代で借金800万円背負った男の物語2

エリカにハマって、毎日開店から閉店までお店に通い続ける俺。遂に貯金も底をついてしまった。となれば、次に手を出すのがクレジットカードだ。

こうなっても、俺には店に行かないという選択肢はなく、どんどんドツボにハマっていくのだった。

首が回らなくなるとはまさにこのこと！

当時、俺はクレジットカードを2枚持っていた。長く使っていたカードだったので、限度額は300万円ほどあった。

ひとまずカードを使おう……、そんなことを考えていた時に父ちゃんから電話がきた。

「まさお、仕事はどうな？」

「ぼちぼちだよ」

「生活費はあっとか？」

「ちょっとは、あるよ……」

「なら20万振り込んでおく」

「うん、ありがとう」

俺の実家は自営業でそこそこ繁盛していたため、これまでお金で不自由することはなかった。

「そうだ、なくなったら父ちゃんから貰えばいいんだ。お金はいくらでもあるんだ」

そう思っていたのだ。

そうして銀行に寄って父ちゃんの仕送りから6万円を引き出し、エリカの店に向かうのだった。

「仕送りがなくなったらカードを使えばいいさ」

金銭感覚がどんどんおかしくなり、気がつけばクレジットカードも普通に使っていた。

こんなことをしていると、当然、２枚のカードはあっという間に使えなくなった。そして俺は消費者金融にも手を出してしまう。それでもなお店に通うのをやめられず、父ちゃんには相変わらず嘘をつき続けてお金をもらい、それを返済に充てていた。

もう一体いくら借金をしているのか、自分でもわからなくなっていた。

借金はますます膨れ上がり、ついには返済も滞るようになった。

そしてその頃には、積算の仕事を回してくれていて、家族のように仲良くしてくれていた先輩にもお金を借りるようになっていた。「絶対返します！」と言う俺に、なにも言わずになんどもお金を貸してくれる先輩。もちろん返済などできるわけもなく……。

先輩以外の人にお金を借りることはなかったものの、俺は仕事を納めると取引先に連絡し、本来は翌月末支払いの契約なのに、すぐに払ってくれるよう頼むようになっていた。

そんな俺に、取引先が不信感を募らせるのも当然で、俺に仕事を回してくれる人はいなくなり、やがて、先輩からも仕事が来なくなった。

収入がなくなった俺は、借金の返済ができなくなっていた。催促の電話は無視し、郵便物は開封せずに破り捨てた。現実を直視できずに逃げていた。

ついに借金が親にバレる！その総額はなんと……

しかし、そんな維持が通用するはずもなく、催促を無視し続けた結果、遂に実家に連絡が行ってしまう。

「お前、借金してるとか!?」

「あ、うん、してる……けど……」

「電話がかかってきたぞ。借金はこれだけか、ほかにもあっとか？」

「……ある」

「なんばしょっつか!!　とりあえずそっち行く。借金は返してやる。早く返さんと利子が増えるだけやろう！」

翌日、父ちゃんと母ちゃんがアパートに来た。

父ちゃんに借金はいくらあるか聞かれたが、もう俺はいくらあるかわからなかった。

「ほかにどこで借りたか思い出せ。全部回って返すしかなか」

俺はお金を借りた消費者金融を書き出し、父ちゃんと一軒一軒を回り、すべての借金を返済した。

その総額は、なんと８００万円を超えていた。

アパートに戻り、久々に親子３人で母ちゃんの料理を食べた。安心したのと申し訳ない想いで涙が出そうになった。

「まさお、借金はなんに使ったと？　ギャンブルとね？」と母ちゃんに聞かれた。

飲み屋の女のところに通うために使っているとは言えず、俺は、付き合っている人に子供がいて、生活が苦しいみたいなので面倒を見ていると嘘をついた。

すると、それまで黙って聞いていた父ちゃんが口を開いた。

「その人はお前の借金は知っとるとか? 明日連れてきなさい」

……どうしよう、そんな人いない。俺が連絡を取っている女性なんて1人しかいない。

俺はエリカに電話をして事情を話し、彼女のフリをしてくれるよう頼んだ。

「なんで私がそんなこと? それも設定が子持ちなの!?」

文句を言いながらも、エリカは引き受けてくれた。

エリカを忘れてやり直す決意をする……だが

翌日の面会は、かなりの修羅場となった。詳しくは割愛するけれど、俺は終始、矛先が自分に向かわずエリカに向くような受け答えをし、エリカが責められていても庇わず、卑怯な態度をとってしまった。

本当は飲み屋に金を使っていたことを、エリカは言わないでいてくれたというのに……。

エリカと面会したその夜、俺は昼間のことを考えて眠れなかった。隣で横になる父ちゃんも眠れていないようだった。

「父ちゃんごめん。俺、エリカのためを想って、でも、エリカに騙されて……」

「お前は情けなかぁ……。お前の借金はお前のせいたい!! おなごに責任ばなすりつけんな。お前が自分で金貸しに行って、お前がサインしたんやろが。お前の責任たい。やめるチャンスはいくらでもあったろうが。誰かのためとかいう

のは責任逃れたい。俺たちが甘やかしすぎたとやろな。お前が困らんように思ってなんでもしてきたとが悪かった……」

その通りだ。俺はエリカのためとか言いながら、俺がエリカを失いたくなかっただけだ。エリカを振り向かせたい。エリカによく思われたいがために、俺が俺自身のためにやったことだ。

父ちゃんにはすべて見抜かれていた。

「まさお、すぎたことは仕方なか。これからやり直せばよか。人はな、いつになっても人生やり直せるとぞ。自分がそう思った時にな。俺はお前を信じる」

もう、父ちゃんと母ちゃんを悲しませたくない。少しずつでも父ちゃんにお金を返していこう。俺は変わらないと！

俺はエリカを諦め、真面目に生きていこう、そう思った。

がしかし、これで一件落着……ではないのだ！

これは「1回目」の借金の話。情けないことに俺はこのあと、性懲りもなく「2回目」の借金を重ねてしまうのだ。

PART 3

ボリュームたっぷり ご飯・麺レシピ

たくさん食べてお仕事頑張ろう！
今日の疲れや悩みを吹き飛ばして
明日のパワーをチャージする男飯！（女子もどうぞ）

漢のチャーハン1

天津チャーハン

もうこれはもはや飲み物！
塩あんと玉子のダブルトロトロ

1人分 **117円** で作れる！

材料 （2人分）

チャーハン

- ウインナー…2本
- 冷凍刻み玉ねぎ…50g
- 卵…1個
- ご飯…500g
- 万能中華調味料…小さじ2
- うま味調味料…少々
- 塩、こしょう…少々
- サラダ油…適量

かに玉

- 卵…2個
- カニ風味かまぼこ…1パック（10本）
- サラダ油…適量

塩だれあん

- 水…250ml
- 塩、こしょう…少々
- 万能中華調味料…小さじ1
- うま味調味料…少々
- おろししょうが（チューブ）…小さじ1
- おろしにんにく（チューブ）…小さじ1
- ごま油…小さじ1
- 酒…大さじ1
- 片栗粉…適量

作り方

チャーハンを作る

1 ウインナーは斜めに薄くスライスする。

2 フライパンにサラダ油を引いて熱し、冷凍刻み玉ねぎと1を入れ、強火で炒める。

3 卵を割り入れ、ご飯を加え、全体が混ざるようにご飯をほぐしながら炒める。

4 万能中華調味料、うま味調味料を入れて炒め、塩、こしょうで味を調えて器に盛る。

かに玉を作る

1 カニ風味かまぼこはほぐしておき、飾り用に少し分けておく。

2 ボウルに卵を入れて混ぜ合わせる。

3 フライパンにサラダ油を引いて熱し、2を流し入れ、大きく混ぜながら中火で焼く。

4 周りが固まってきたら、丸くまとめながら焼く。

5 半熟に焼けたら、チャーハンの上にのせる（かに玉チャーハン）。

塩だれあんを作る

1 小鍋にすべての材料を入れてよく混ぜる。

2 混ぜながら弱火にかけ、とろみが出てきたら完成。

3 かに玉チャーハンの上に2をかけ、とっておいたカニ風味かまぼこをのせる。

漢のチャーハン2

肉のせガリバタ しょうゆチャーハン

漢チャーハンのど真ん中！
肉もチャーハンもどっちもガッツリ喰らう

1人分 160円で作れる！

材料 （2人分）

ポークソテー

- 豚ロース肉（とんかつ用）…1枚
- 玉ねぎ…1/4個
- 塩、こしょう…少々
- 小麦粉…適量
- A
  - 酒…大さじ1
  - みりん…大さじ1
  - 砂糖…小さじ1
  - しょうゆ…小さじ1
- サラダ油…大さじ1/2

ガリバタチャーハン

- 冷凍合挽き肉（豚ひき肉でもOK）…100g
- 卵…1個
- ご飯…500g
- おろしにんにく（チューブ）…大さじ1
- 塩、こしょう…少々
- しょうゆ…大さじ1
- マーガリン…大さじ1と1/2
- サラダ油…大さじ1

作り方

ポークソテーを作る

1. 玉ねぎは薄くスライスする。豚ロース肉は筋を切り、包丁の背でたたき、塩、こしょうを振って、全体に小麦粉をまぶしておく。Aは合わせておく。
2. フライパンにサラダ油を入れて熱し、玉ねぎと豚ロース肉を入れ、中火で肉に焼き目がつくまで焼く。
3. ふたをして弱火で３分蒸し焼きにする。
4. Aを入れてよく絡め、皿などに取り出しておく。

ガリバタチャーハンを作る

1. 空いたフライパンをきれいに拭き、サラダ油、マーガリン、おろしにんにくを入れて熱し、冷凍合挽き肉を入れて中火で炒め、塩、こしょうを振る。
2. 肉の色が変わってきたら、卵を割り入れ、ご飯を加え、全体が混ざるようにご飯をほぐしながら炒める。
3. 鍋肌にしょうゆを回し入れてサッと炒める。
4. 器に盛り、食べやすい大きさに切ったポークソテーをのせる。

漢のチャーハン3

麻婆チャーハン

材料（2人分）

麻婆豆腐の材料
（P.44参照）…1人分
卵…2個
ご飯…500g
冷凍刻み玉ねぎ…50g
万能中華調味料…小さじ1
しょうゆ…適量
塩、こしょう…少々
サラダ油…大さじ2

作り方

1 P.44の手順で麻婆豆腐を作る。

2 フライパンにサラダ油を引いて熱し、卵を割り入れ、ご飯を加え、強火で卵と絡むように炒める。

3 冷凍刻み玉ねぎを加えて手早く炒め、万能中華調味料を加え、パラッとなるまで炒める。

4 鍋肌にしょうゆを回しかけてサッと炒める。塩味が足りない場合は塩、こしょうで調える。器に盛り、1をかける。

濃いめの麻婆豆腐がチャーハンと絡む
間違いなく最強な中華の王道コンビ！

1人分 97円で作れる！

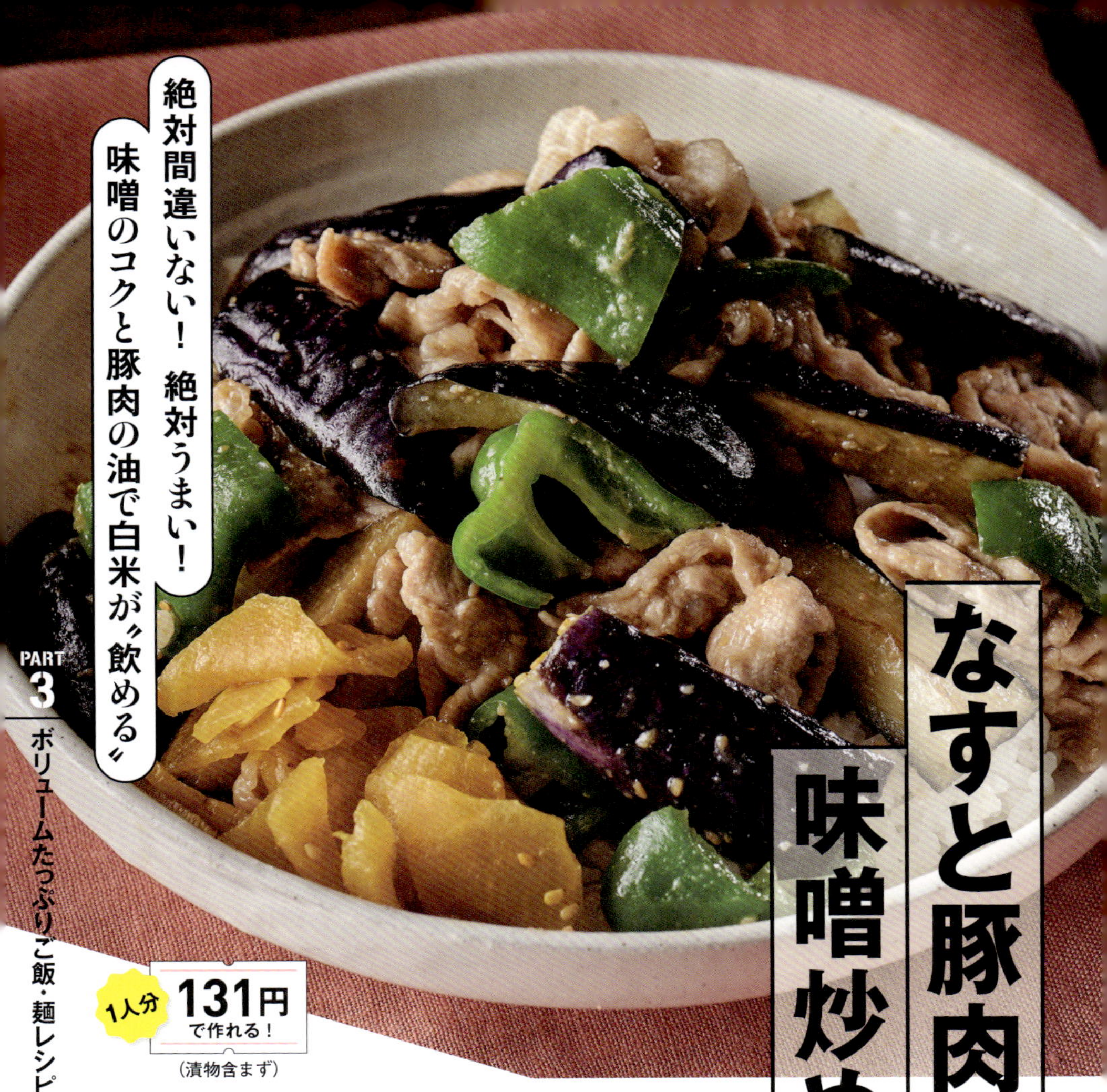

絶対間違いない！ 絶対うまい！
味噌のコクと豚肉の油で白米が〝飲める〟

なすと豚肉の味噌炒め丼

1人分 131円で作れる！
（漬物含まず）

材料（2人分）

なす…2本
ピーマン…1個
豚こま肉…100g
A
- 味噌…大さじ1
- 砂糖…小さじ1
- 酒…大さじ1
- みりん…大さじ1

ご飯…350g
サラダ油…適量
お好みの漬物…適量

作り方

1. ボウルなどにAをよく混ぜておく。
2. なすは長さ5cmくらいの棒状に切る。ピーマンは縦半分に切って乱切りにする。
3. フライパンにサラダ油を入れて熱し、豚こま肉を入れ、中火で肉の色が変わるまで炒める。
4. 2を加え、なすがしんなりするまで弱火で3分ほど炒める。さらに、1を加えて絡めるように炒める。
5. 丼にご飯を盛り、4をかけ、お好みの漬物を添える。

ビビンバ風野菜たっぷり丼

焼肉のたれで簡単に作れる
栄養もスタミナもたっぷりのパワー丼

1人分 **101円** で作れる！

材料（2人分）

にんじん…1/3本
小松菜…1/2袋
合挽き肉…75g
もやし…1/2袋
酒…適量

温泉卵

- 卵…1個
- 水…大さじ3

焼肉のたれ…大さじ2
コチュジャン…小さじ1
おろしにんにく
（チューブ）…小さじ1
鶏ガラスープの素
（顆粒）…大さじ1
ご飯…350g
炒りごま…適量
サラダ油…適量

作り方

1 にんじんは細切りにする。小松菜は3cmの長さに切り、茎と葉に分けておく。合挽き肉は酒を加えて、よく揉み込んでおく。

2 **温泉卵** を作る。耐熱容器に水と卵を割り入れる。卵黄部分を爪楊枝で数カ所刺し（卵黄を崩さないよう注意）、ラップをかけずに600Wの電子レンジで1分加熱する。

3 フライパンにサラダ油を引いて熱し、合挽き肉を入れ、中火で肉の色が変わるまで炒める。

4 にんじんと小松菜の茎の部分を加えて炒め、野菜に火が通ったら、小松菜の葉の部分ともやしを加え、サッと炒める。

5 焼肉のたれ、コチュジャン、おろしにんにく、鶏ガラスープの素を入れて炒める。

6 丼にご飯を盛り、**5**をかけて炒りごまを振り、**2**をのせる。

節約オムライス

材料（2人分）

卵…2個
米…1合
玉ねぎ（みじん切り）…1/2個分
鶏ひき肉…50g

A
- ケチャップ…大さじ1
- 塩、こしょう…少々
- 酒…大さじ2
- 砂糖…小さじ1/2
- コンソメ…小さじ1
- とんかつソース…小さじ1/2
- マヨネーズ…小さじ1/2

塩、こしょう…少々
サラダ油…適量
ケチャップ…適量

作り方

1. 炊飯器に洗った米と目盛り通りの水（分量外）を入れ、玉ねぎ、鶏ひき肉、Aを入れて混ぜ、普通に炊飯する。
2. 炊き上がったら、皿にラグビーボール型に盛る。
3. ボウルに卵を割り入れ、軽く塩、こしょうを加えて混ぜておく。
4. フライパンにサラダ油を引いて熱し、3を流し入れ、中火で手早くかき混ぜる。
5. かき混ぜながら中央に寄せ、オムレツ状の形にしていく。ある程度固まったら形を整え、2の上にそっとのせる。
6. 卵を開き、ケチャップをかける。

チキンライスは炊飯器におまかせ！
お店に行かなくても食べられる
半熟トロトロオムライス！

1人分 **78円**で作れる！

手羽中のパエリア

時にはオシャンな料理も食べたい
ならば作る！ それも簡単に！

材料（2人分）

米…1合
手羽中…6本
ミニトマト…6個
冷凍いんげん…50g
しめじ…1/4パック
おろしにんにく
（チューブ）…小さじ1
水…200ml
コンソメスープの素
（顆粒）…小さじ2
塩、こしょう…少々
オリーブオイル
…大さじ1
レモン…お好みで

1人分 **140円** で作れる！
（レモン含まず）

作り方

1 米は洗って水気を切っておく。ミニトマトはへたを取る。冷凍いんげんは解凍し、適当な長さに切っておく。しめじは石づきを取ってほぐしておく。

2 フライパンにオリーブオイルとおろしにんにくを入れて熱し、手羽中を入れ、中火で全体に焼き色がつくまで焼き、取り出しておく。

3 空いたフライパンに、米を入れて中火で炒め、米が透明になってきたら水とコンソメスープの素を加えて混ぜる。

4 スープが沸騰したら一旦火を止め、**2**を並べ、**1**の野菜をそれぞれバランスよくのせ、塩、こしょうをふり、ふたをして、弱火で10～15分炊く。

5 火を止めて、そのまま10分ほど蒸らし、お好みでレモンを添える。

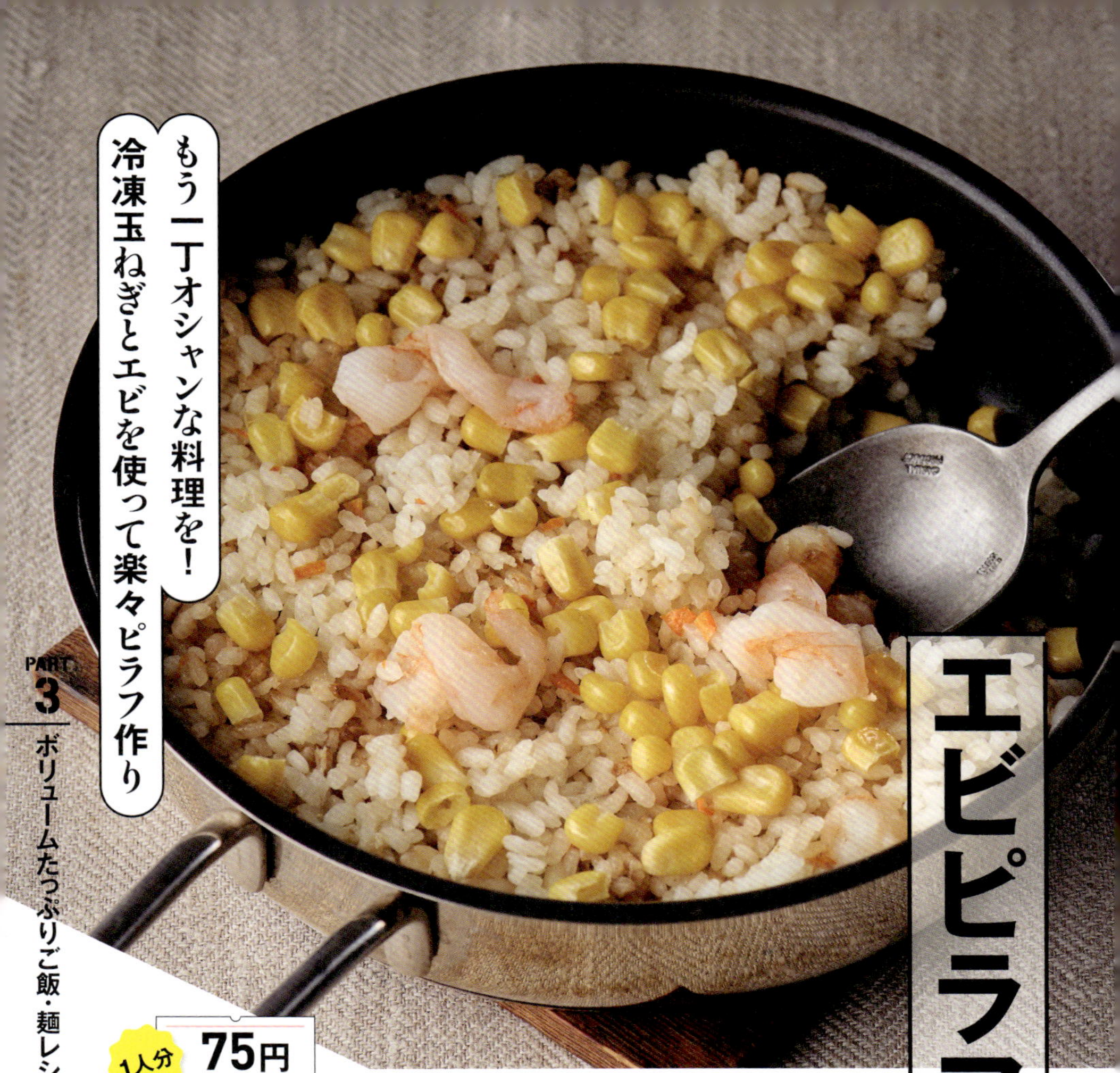

もう一丁オシャンな料理を!
冷凍玉ねぎとエビを使って楽々ピラフ作り

エビピラフ

1人分 75円で作れる!

材料 (3人分)

米…2合
冷凍むきエビ…4個
にんじん…1/2本
冷凍刻み玉ねぎ…100g
冷凍コーン…40g
水…200ml
コンソメスープの素(顆粒)
…大さじ1
塩、こしょう…少々
マーガリン…適量

作り方

1 米は洗って水気を切っておく。冷凍むきエビは解凍しておく。にんじんはみじん切りにする。

2 フライパンにマーガリンを入れて熱し、にんじんと刻み玉ねぎを入れ、中火でしんなりするまで炒める。

3 米を加えて、半透明になるまで炒め、水とコンソメスープの素、塩、こしょう、冷凍エビを加えて混ぜる。

4 冷凍コーン、1のエビをのせ、ふたをして弱火で13〜15分炊き、パチパチ音がしてきたら火を止め、15分蒸らす。

太っちょでも借金があっても
あの大泥棒のようなカッコイイ男に
なった気分で喰らう！

1人分 95円で作れる！

あの大泥棒のミートボールパスタ

材料 (2人分)

スパゲッティ…100g
合挽き肉…100g
冷凍刻み玉ねぎ…50g
小麦粉…大さじ1/2
トマトソース(市販)…100g
酒…大さじ1
オリーブオイル…適量
乾燥バジル…大さじ1/2

作り方

1 ボウルに合挽き肉、冷凍刻み玉ねぎ、小麦粉を入れてしっかり混ぜ、6等分にし、団子状に丸める。

2 フライパンにオリーブオイルを入れて熱し、1を入れ、焼き色がつくまで焼く。

3 肉の色が変わったら、トマトソースと酒を入れ、ふたをして弱火で5分ほど煮る。

4 スパゲッティは袋の表記通りに茹でる。茹で上がったら、茹で汁大さじ1と1/2とともに3に入れてよくあえる。

5 乾燥バジルを振って軽く混ぜ、皿に盛る。

ひじきの煮物

お弁当に入れるとご飯が進む
アテにするとお酒が進む

1人分 70円 で作れる！

材料 (2人分)

乾燥ひじき…10g
にんじん…1/2本
油揚げ…1枚
A
- 水…300ml
- 酒…大さじ1
- みりん…大さじ1
- しょうゆ…大さじ1
- 砂糖…大さじ3
- 顆粒かつおだし…8g

サラダ油…適量

作り方

1 乾燥ひじきはたっぷりの水で15〜30分戻し、水気を切る。

2 にんじんは細切りにし、油揚げはキッチンペーパーで押さえて余分な油を取り、細く切る。

3 フライパンにサラダ油を引いて熱し、**1**、**2**を入れ、にんじんがしんなりするまで中火で炒める。

4 鍋に**A**の材料を入れ、ひと煮立ちさせる。

5 **3**を入れ、煮立ったら弱火で10〜15分、水気がなくなるまで煮る。

1人分 18円で作れる！
(残りもののひじきの煮物含まず)

ひじきの煮物リメイクパスタ

混ぜご飯もいいけどパスタもオススメ！
梅肉がいい感じのアクセントに

材料 (2人分)

スパゲッティ…100g
残りもののひじきの煮物
（P.80参照）…100〜150g
梅肉（チューブ）…小さじ2
おろしにんにく
（チューブ）…小さじ1
めんつゆ（3倍濃縮）…適量
塩、こしょう…少々
マーガリン…大さじ1

作り方

1 スパゲッティは袋の表記通りに茹でる。

2 フライパンにマーガリンとおろしにんにくを入れて熱し、香りが立ってきたら、ひじきの煮物を加えて軽く炒める。

3 2に1と梅肉を加え、炒め合わせる。

4 味をみて、塩味が足りない場合は、めんつゆ、塩、こしょうで調える。

長崎パリパリ皿うどん

材料（2人分）

かた焼きそば麺…1個
豚こま肉…100g
玉ねぎ…1/4個
長ねぎ…1/2本
にんじん…1/4本
キャベツ…100g

A
- 水…200ml
- かつおだしの素（顆粒）…小さじ1/2
- 鶏ガラスープの素（顆粒）…小さじ1/2
- しょうゆ…小さじ1
- 砂糖…小さじ1/4
- オイスターソース…小さじ1
- 片栗粉…大さじ1

塩、こしょう…少々
サラダ油…適量

作り方

1. 豚こま肉はひと口大に、玉ねぎは薄切り、長ねぎは斜めの薄切り、にんじんは短冊切り、キャベツはざく切りにする。**A**はよく合わせておく。

2. フライパンにサラダ油を引いて熱し、豚こま肉を入れて中火で炒め、塩、こしょうを振り、肉の色が変わったら、一旦皿に取り出す。

3. 空いたフライパンに、にんじん、玉ねぎを入れて中火で炒め、さらに長ねぎ、キャベツを加え、全体がしんなりするまで炒める。

4. 豚こま肉を戻し入れて炒め合わせる。

5. **A**を入れて混ぜ、とろみが出てきたら火からおろす。

6. かた焼きそば麺を軽くほぐして皿に盛り、**5**をかける。

POINT

野菜はあるものでOK。イカゲソや冷凍むきエビなどで作ってもおいしいよ！

まさおの故郷の名物と言ったらコレ！
手軽に野菜が食べられるから一人暮らしにもオススメ

1人分 63円で作れる！

飲み屋の女にハマって再び借金！
懲りないダメ男のトンデモ人生第2章

エリカを諦めて真面目に生きていこうと思った俺は、エリカに連絡することをやめた。エリカからも連絡は来なかった。エリカにはもう会わないつもりだった。

しかし、俺のエリカへの執着は消えることはなく燃え続けるのだった。

再び石は坂道を転がり出す

それから半年ほど経って、俺はまたエリカの店に行ってしまったのだ。今度は給料で行ける範囲でと決め、それから2年ほど、月に一度のペースで店に通っていた。

店に行く機会は限られていたが、エリカとの奇妙な関係は続いていた。

エリカが彼氏の浮気で悩んだ時も、真っ先に電話した相手は俺だった。2人で証拠を掴むため張り込みをしたり、彼氏の車を尾行したりした（ちなみに彼氏の浮気はクロだったが、エリカは別れなかった）。

店に行く機会は限られているのに、店外ではよく会う。男女の関係でも恋仲でもないのに、一緒

にいる。さみしいと言われればかけつけ、一緒に死んでと言われれば、いいよと答えた。

「彼氏を抜きにして、1番頼ってくれるのは自分でありたい。どんな形でもいいから、エリカのそばにいよう」

そんな奇妙な関係が、さらに執着を強くしていったのだと思う。

しばらくして、エリカはそれまでの店を辞めて新しい店に勤め始めた。どんなお客さんがいるのだろう？　仲良くしているんじゃないか？　口説かれているんじゃないか？　そう考えると耐えられなくなった。

「俺が指名客で行けば、少なくともフリーのお客さんにはつかないよな」

そう考えた俺は、再び、毎日のように店に通うようになってしまった。

もちろんお金が足りるはずもなく、俺はまた借金をしてしまった。親に迷惑はかけないと、あれだけ誓ったのに、俺は目の前のエリカしか見えなくなっていた。

一度完済している俺に、消費者金融は簡単にお金を貸してくれた。以前のいきさつを知っているエリカは、ずっと「お金は大丈夫なの？」と心配していたが、俺は「親の遺産が3000万円くらい入ったんだ」と嘘をついた。

甘く考えていたのだと思う。

前回、両親が返済してくれたことで、今度もなんとかなると思っていたのだ。以前の借金返済後に仕事がない時、父ちゃんは俺に毎月10万円仕送りしてくれていた。なのでまた、「ごめん。生活費が足りないんだ」と理由をつけてはせびり、そのお金を握りしめてエリカの店に通っていた。

そんな生活を数年続け、俺は30歳になっていた。

親の会社を廃業に追い込むダメ息子

ある日、いつものように父ちゃんにお金をせびり、銀行におろしに行く途中、俺の携帯が鳴った。母ちゃんからだった。

「まさお、また父ちゃんにお金借りよるとね？　お店も厳しいとよ。お金足りないから、頼み込んで何人か辞めてもらったとよ」

小さい島で商売していたので、従業員はみんな顔見知りだ。みんなの顔が浮かぶ。

「あんた、もう30歳やろう。そろそろ自分のことできないと？　お父さん、最近調子が良くないとよ。お店もあんまり売れてないし」

それを聞いて苦しくなった。父ちゃん病気なのかな？

迷惑かけないようにしないと……。

そう思いながらも変われなかった。

その頃の俺は、派遣や日雇いの仕事をしていたけど、なかなか同じところで長く続かず、長期派遣の紹介を受けても1週間も持たなかった。甘えた考えから抜け出すのは難しかった。

母ちゃんからの話を聞いてもなお、俺はまだなんとかなると思っていたのだ。

それからしばらくして、とうとう実家の事業は廃業してしまった。

不景気のせい？　いや、多分俺のせいだろう。

度重なるお金の無心、家賃の滞納、車が廃車になった時も、仕事に行けなくなるからと新車を買ってもらった。「お願いします。お金は必ず返しますから！」は、俺が父ちゃんに何度も言ったセリフだ。

小さな島だから、噂もすぐに広まる。前回の俺の借金の件は知られていた。

妹は島を出て就職していたが、一時期は「帰省するのも恥ずかしい」と言っていた。

また、結婚することになった時も「お兄ちゃんのことは紹介しないから」と言われ、実際、結婚式には呼ばれなかった。

従業員や客からの信頼も、きっと失ったと思う。

そういった事情から、廃業に追い込んでしまったんじゃないかと思っている。

さらに、父ちゃんは腎臓を悪くして人工透析をしていると聞いた。しかも俺にお金を工面するために、生命保険も解約していた。

さすがに俺もしっかりしないと。今度こそ本気でそう思ったはずなのに……。

その後、両親は、小さな釣具屋を始めた。自分たちだけ食べていければいいから、と旅行客相手に細々とやっているようだった。


「もうお前には何もしてやれないからな」と言われ、また借金を返してもらえると思っていた俺は、真面目に生きていこうと思うと同時に、今更真面目に働いてどうにかなるのだろうか、エリカの店にもう行けないんじゃないか、そもそも普通の人生が送れるのだろうか？　と考えたら、夜も眠れなかった。

トンデモ人生
第2章の始まり

しかし、その悩みの1つは早々に解決した。エリカが店を辞めたのだ。

俺は今まで、店に通いながら、エリカの運転手やパシリみたいなこともやっていた。でも、これからは運転手やパシリだけでいいのだ。だいぶお金が浮くぞと思った。

エリカはしばらく、貯金を切り崩して生活していて、俺が援助することもあった。俺はエリカを支えるために就職活動を始めたが、なかなかうまくいかず自暴自棄になっていた。そして、その日暮らしの日雇いと夜はスナックのボーイなどで食いつないでいた。

2回目の借金は、親が立て替えてくれた1回目の借金と合わせて、なんと１０００万円を超えていた。怪しいところからも借りていたのだ。

エリカは実家に戻って、普通の仕事を探していたが、夜の仕事しかしたことがないから不安だと言っていた。

ちょうどその時、俺は短期の倉庫バイトに応募していたので、「エリカも応募してみれば？　わからなかったら俺がサポートできるし」と誘った。

そうして俺たちは同じ倉庫で働くことになった。

そして、そのバイト先で、俺とエリカの人生を変える女、奈緒美と出会い、奇妙な3人の関係が始まるのだった。

それと同時に、2回目の借金もとんでもないことになっていくのだ。

PART 4

食べて飲む幸せ
おつまみレシピ

どんなに仕事で疲れていても
食べることへの欲望は止まらない！
おいしいものと酒を飲むだけで疲れが吹き飛ぶ！

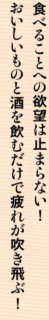

まさおの休日晩酌

派遣社員の休みは大変貴重。
1週間の疲れも吹き飛ばす、
休日のとっておきおつまみを大公開します。
おいしいものと酒があれば、それだけで大満足ですぞ！

玉子サラダの揚げ生春巻き

にんじんだけチヂミ

海苔巻き
チーズチキン
おくらのカレーチーズ
マヨ焼き

玉子サラダの揚げ生春巻き

サクサクなのに
もっちりの食感が楽しい

材料（4本分）

ゆで卵…2個
冷凍コーン…50g
マヨネーズ…大さじ1と1/2
塩、こしょう…少々
ライスペーパー…4枚
揚げ油…適量

1人分（2本分）39円で作れる！

作り方

1 ゆで卵を細かくつぶし、解凍した冷凍コーンを加えて混ぜる。

2 1にマヨネーズ、塩、こしょうを入れてよく混ぜ、4等分にしておく。

3 ライスペーパーを袋の表記通りに戻し、水気を取る。

4 クッキングシートを敷いて3を1枚置き、ライスペーパーの手前に2をのせ、くるくると包む（同様にあと3本作る）。

5 180度の油で、春巻きの表面がプツプツ膨らんでくるまで揚げる。半分に切り、皿に盛る。

にんじんだけチヂミ

甘くておいしくて
シンプルなチヂミ

材料（2人分）

にんじん…1本
A 小麦粉…大さじ4
A 片栗粉…大さじ2
A 鶏ガラスープの素（顆粒）…小さじ2
A 水…大さじ6
A 塩…少々
ごま油…適量
お好みでポン酢…適量

1人分 18円で作れる！

作り方

1 にんじんはせん切りにする。

2 ボウルにAを入れてよく混ぜ、1を加えてさらに混ぜる。

3 フライパンにごま油を入れて熱し、2を入れてフライパンの大きさに伸ばし、中火で3分焼く。

4 周囲が固まってきたら裏返し、さらに中火で2分焼く。

5 食べやすい大きさに切り、皿に盛り、お好みでポン酢を添える。

海苔巻きチーズチキン

1人分 98円で作れる!

材料 (2人分)

鶏むね肉…1枚 (300g)
焼き海苔…全形1/2枚
スライスチーズ…1枚
酒…大さじ1
塩、こしょう…少々
小麦粉…適量
焼肉のたれ…大さじ3
マーガリン…15g

作り方

焼き海苔とチーズの風味が最高!

1 焼き海苔は半分に切っておく。鶏むね肉は観音開きにし、ラップをかけ、麺棒などで叩いてさらに薄く伸ばし、ボウルに入れ、酒適量(分量外)を振ってよく揉む。

2 1を平らに広げ、鶏肉の中央に、焼き海苔、スライスチーズ、残りの焼き海苔の順にのせる。

3 鶏肉の余っている部分を内側に折りたたみ、端からくるくる巻いて、全体にたこ糸を巻きつけて縛る。

4 3に塩、こしょうを振って下味をつけ、全体に小麦粉をまぶす。

5 フライパンにマーガリンを入れて熱し、4を入れ、中火で焼き色がつくまで焼く。

6 酒を加えてふたをし、弱火で7〜8分蒸し焼きにして中まで火を通す。

7 焼肉のたれを加えてよく絡め、肉を取り出してたこ糸を取り除き、食べやすい厚さに切る。器に盛り、フライパンに残っているたれをかける。

おくらのカレーチーズマヨ焼き

大人だけでなく子どもも喜びそう

1人分 29円で作れる!

材料 (2人分)

冷凍おくら…50g
ピザ用チーズ…適量
A
- マヨネーズ…大さじ1
- カレー粉…小さじ1
- しょうゆ…小さじ1

作り方

1 冷凍おくらは解凍して、水気を切っておく。

2 ボウルにAを入れてよく混ぜ、1を加えてよくあえる。

3 耐熱皿に2を入れ、ピザ用チーズをかける。

4 あらかじめ温めておいたトースターで、5分ほど焼き色がつくまで焼く。

３００円以下で
おつまみ５品作ってみよう！

安くて旨いは正義！
合計３００円以内で５品も作れる
おつまみレシピをこっそり紹介。
誰でも作れちゃうほど簡単なので、
ぜひトライしてみてはいかがかな？

ポテトとトマトの重ね焼き
サクサクえのき

豆アジフライ

2種類のアジ(味)とアジで楽しむ

材料（2人分）

豆アジ（小アジ）…1/2パック
片栗粉…適量
塩、こしょう…少々
カレー粉…適量
揚げ油…適量

1人分 25円で作れる！

作り方

1. 豆アジはエラと内臓、ぜいごを取り除いて水で洗い、キッチンペーパーでよく水気を拭き取る。
2. ポリ袋に半量の豆アジを入れ、片栗粉、塩を入れてよく振る〈塩味〉。
3. 別のポリ袋に残りの豆アジを入れ、片栗粉、カレー粉、塩、こしょうを入れてよく振る〈カレー味〉。
4. 180度の油で、塩味から先に、じっくり揚げていく。カレー味も同様に揚げる。

コロコロ厚揚げのおろし焼き

あっさりなのにボリュームも◎

材料（2人分）

厚揚げ…1枚
大根…100g
冷凍おくら…6本
A めんつゆ（3倍濃縮）…小さじ1
A しょうゆ…小さじ1
A 酒…小さじ1
片栗粉…適量
サラダ油…適量

1人分 47円で作れる！

作り方

1. 冷凍おくらは解凍し、小口切りにする。厚揚げはキッチンペーパーで包み、軽く握って余分な油を取り、サイコロ状に切る。
2. ボウルに大根をすりおろし、1のおくらとAを入れてあえる。
3. ポリ袋に1の厚揚げと片栗粉を入れ、よくまぶす。
4. フライパンにサラダ油を引いて熱し、3を入れ、中火でこんがり焼き色がつくまで焼く。
5. 2を加え、弱火で厚揚げを崩さないよう混ぜる。

もやしとニラのナムル

箸休めにピッタリ 5分で作れる

1人分 17円で作れる！

材料（2人分）

もやし…1/2袋
ニラ…5本
A 鶏ガラスープの素（顆粒）…小さじ1
A すりごま…小さじ1
A ごま油…小さじ1

作り方

1. ニラは3〜4cmの長さに切っておく。
2. ボウルなどにAを入れて合わせておく。
3. 耐熱容器にもやしと1を入れ、ラップをかけ、600Wの電子レンジで2分加熱する。
4. 3が熱いうちに2を入れ、よく混ぜる。
5. 粗熱がとれたら、タッパーなどに入れて冷蔵庫で寝かす（すぐに食べてもOK）。

塩こしょうの効いた
ひき肉がアクセント！

1人分 106円で作れる！

ポテトとトマトの重ね焼き

材料（2人分）

じゃがいも…中1個
玉ねぎ…1/2個
トマト…1個
豚ひき肉…100g
塩、こしょう…少々
ピザ用チーズ…適量
ブラックペッパー…適量
サラダ油…適量

作り方

1. じゃがいもは細切りにし、玉ねぎは薄切りにする。トマトは薄くスライスする。
2. 耐熱容器にじゃがいもを入れ、濡らしたキッチンペーパーをじゃがいもにかぶせ、ラップをかけ、600Wの電子レンジで3分加熱する。
3. フライパンにサラダ油を入れて熱し、玉ねぎを入れ、中火で半透明になるまで炒める。
4. 豚ひき肉を加えて炒め、塩、こしょうを振り、肉に火が通ったら、火からおろす。
5. 耐熱皿に2をなるべく平らに広げ、その上に4をかける。
6. 5の上にトマトを並べ、ピザ用チーズをのせ、ブラックペッパーを振る。
7. あらかじめ温めておいたオーブントースターで、5分ほど、焼き色がつくまで焼く。

無限えのき状態で
箸が止まらない！

1人分 17円で作れる！

サクサクえのき

材料（2人分）

えのきたけ…1パック
A［酒…大さじ1
　 しょうゆ…大さじ1
片栗粉…適量
サラダ油…適量

作り方

1. えのきたけは根本を切って小分けにし、なるべく平らになるよう、少し押して広げておく。
2. ボウルにAを合わせておく。
3. 1に2のたれをサッとつけ、全面に片栗粉をまぶす。
4. フライパンに多めのサラダ油を入れて熱し、3を入れ、中火で揚げ焼きにする。
5. きつね色に揚がったら油を切り、器に盛る。

とある日の平日晩酌

毎日を楽しく生きる秘訣は、
おいしいアテをどれだけたくさん作れるかだぁ！
明日の仕事も頑張れる
おいしくて満腹になる平日晩酌の開催！

チキンと白菜の
カレー風味のクリーム煮
バターしょうゆの
ねぎ焼き

ベーコンとチーズの大根挟み焼き

大根とベーコンと
チーズが意外と合う！

1人分 47円 で作れる！

材料 （2人分）

- 大根…1/5本
- ハーフベーコン…4枚
- ピザ用チーズ…適量
- 塩…少々
- しょうゆ…適量
- オリーブオイル…適量

作り方

1 大根は3mmくらいの薄切りで8枚に切る。

2 フライパンにオリーブオイルを引いて熱し、1を4枚入れ、中火で片面のみ軽く焼き目をつけ、取り出しておく。

3 空いたフライパンにオリーブオイルを引いて熱し、残りの4枚を2と同様に焼く。

4 3を焼きながら、それぞれの大根の上に、ベーコンとピザ用チーズをのせ、2を焼き目が上側になるようにしてのせ、軽く塩を振る。

5 ふたをし、弱火で1分、チーズが溶けるまで焼く。

6 ふたをとり、しょうゆを回しかける。

コーン入りれんこん餅の磯辺焼き

海苔としょうゆが香ばしい
モッチモチのれんこん餅

1人分 162円 で作れる！

材料 （2人分）

- れんこん…1節
- 冷凍コーン…50g
- 焼き海苔…全形1/2枚
- 片栗粉…大さじ2
- めんつゆ（3倍濃縮）…小さじ2
- しょうゆ…小さじ2
- サラダ油…大さじ1

作り方

1 れんこんは皮をむいてボウルにすりおろす。冷凍コーンは解凍しておく。

2 1のボウルにコーン、片栗粉、めんつゆを入れてよく混ぜ、4等分にし、丸く成形する。

3 フライパンにサラダ油を引いて熱し、2を入れ、中火で焼き色がつくまで焼く。

4 裏返してふたをし、さらに弱火で3～4分蒸し焼きにする。しょうゆ小さじ1を回し入れ、全体に絡める。

5 一旦火を止め、4等分に切った焼き海苔をそれぞれに巻き、フライパンに戻す。

6 再び火をつけ、残りのしょうゆ小さじ1を回し入れ、全体に絡める。

チキンと白菜のカレー風味のクリーム煮

定番のクリーム煮に
カレーを加えておいしさアップ!

1人分 114円で作れる!

材料（2人分）

鶏むね肉…1/2枚（150g）
白菜…1/8個
しめじ…1パック
塩…小さじ1/2
おろしにんにく
（チューブ）…小さじ1/2
小麦粉…大さじ1
カレー粉…小さじ1と1/2
水…500ml
ホワイトルウ
（またはホワイトソース）
…大さじ3
サラダ油…適量

作り方

1 白菜はザク切りにする。しめじは石づきをとってほぐしておく。

2 鶏むね肉は食べやすい大きさに切ってボウルに入れ、塩、おろしにんにくを加えてよく揉み、小麦粉を入れて全体にまぶす。

3 フライパンにサラダ油を引いて熱し、2を入れ、中火で焼き色がつくまで焼く。

4 鶏肉が焼けたら、カレー粉を加えて炒める。

5 1と水を加え、ふたをして弱火で10分煮込む。

6 ホワイトルウを加え、トロッとするまで煮込む。

バターしょうゆのねぎ焼き

トロッとしたねぎから
バターしょうゆがジュワッ

1人分 18円で作れる!

材料（2人分）

長ねぎ…1と1/2本
塩…少々
しょうゆ…少々
ブラックペッパー
…少々
マーガリン…大さじ1

作り方

1 長ねぎは、3〜4cmの長さに切る。

2 フライパンにマーガリンを入れて熱し、1を入れ、中火でじっくり焼いていく。

3 焼き色がついてきたら、塩、しょうゆ、ブラックペッパーを入れ、フライパンを振ってよく絡める。

九州のがめ煮（筑前煮）

九州の煮物といったらコレ！
「がめ」とは博多の方言で「寄せ集め」という意味

1人分 **153円** で作れる！

材料 (4人分)

鶏もも肉（カット済み）…250g
れんこん…小1本（2節）
にんじん…1/2本
ごぼう…1/2本
冷凍いんげん…8本
干ししいたけ…適量
こんにゃく（あく抜きタイプ）…1/2枚
A［酒…大さじ1
　しょうゆ…大さじ1

煮汁
［水…400ml
　顆粒かつおだし…大さじ1
　砂糖…大さじ2
　みりん…大さじ2
　酒…大さじ2
　しょうゆ…大さじ3
ごま油…適量

作り方

1 れんこんは皮をむいて輪切りにし、酢水（分量外）に漬けておく。にんじんは乱切りにする。ごぼうは斜め切りにして水にさらす。冷凍いんげんは解凍し、食べやすい長さに切る。干ししいたけは水で戻しておく。

2 こんにゃくは8mm幅くらいに切って中央に切れ目を入れ、**端からくるっと2〜3回、内に巻く。**

3 ボウルに鶏もも肉とAを入れ、よく揉む。

4 フライパンにごま油を引いて熱し、水を切ったれんこん、にんじん、3を入れ、中火で炒める。

5 鶏肉の色が変わって焼き色がついてきたら、**煮汁** の材料を入れる。

6 水分を切った干ししいたけとごぼう、2を入れ、落としぶたとふたをし、中火で10分煮る。

7 冷凍いんげんを加え、さらに3分ほど、煮汁が少なくなるまで煮る。

Remake がめ煮カレー

残ったがめ煮に、カレー粉（小さじ2目安）、カレールウ1片を目安に加えて、中火で5分ほど煮込むと、ちょっと和風なカレーができるよ！
※カレー粉の分量は、残ったがめ煮の量に合わせて調整してください。

まさお家の煮豚

材料（4人分）

豚ロース肉（かたまり）…500g

A
- 水…400ml
- 砂糖…大さじ2
- しょうゆ…大さじ5
- 味噌…小さじ2
- おろしにんにく（チューブ）…小さじ1
- おろししょうが（チューブ）…小さじ1

サラダ油…適量

レタス、ミニトマト…適量

作り方

1 鍋にAをすべて入れ、よく合わせておく。

2 フライパンにサラダ油を引いて熱し、豚ロース肉を入れ、中火で全体に焼き色をつける。

3 1に2を入れ、ひと煮立ちさせる。

4 火を弱め、落としぶたとふたをして、弱火で45分煮込む。

5 肉を取り出し、食べやすい厚さに切って盛り、肉に鍋の煮汁をかけ、レタスとミニトマトを添える。

味噌を入れて煮るのがまさお家流

濃厚でコクのある煮豚をお楽しみあれ！

1人分 189円で作れる！

（レタス、ミニトマト含まず）

濃厚ドライカレーを油揚げに詰めた、罪悪感を薄めるまさお的ダイエットメニュー

ドライカレーポケット

1人分 123円 で作れる！
（レタス含まず）

材料 （2人分）

合挽き肉…150g
玉ねぎ…1/2個
にんじん…30g
油揚げ…2枚
塩、こしょう…適量
カレー粉…小さじ1
ケチャップ…大さじ1
しょうゆ…小さじ2
ウスターソース…小さじ2
ピザ用チーズ…20g
オリーブオイル…小さじ1
レタス…適量

作り方

1. 玉ねぎとにんじんはみじん切りにする。油揚げは下準備（P.18の作り方1参照）をしておく。
2. フライパンにオリーブオイルを引いて熱し、玉ねぎとにんじんを入れ、中火で炒める。
3. 野菜に火が通ってきたら、合挽き肉を入れて炒める。
4. 肉の色が変わったら、塩、こしょうをしっかり目に振り、カレー粉、ケチャップ、しょうゆ、ウスターソースを入れ、水分が飛ぶまで炒め合わせる。
5. 油揚げに4を詰め、最後にピザ用チーズを入れ、爪楊枝で口を閉じる。
6. フライパンに5を並べて熱し、中火で全面に焼き色がつくまで焼く。
7. 爪楊枝をはずし、皿に6とレタスを盛る。

1人分 **88円**で作れる！

色々野菜の肉巻き

豚バラと野菜が生み出す旨みパワーをオイスターソースの特製だれでさらに底上げ！

材料（2人分）

豚バラ肉（薄切り）
　…6枚
冷凍おくら…3本
冷凍れんこん…2枚
冷凍いんげん…5本
塩、こしょう…少々
A
- 酒…大さじ1
- オイスターソース
　…大さじ1
- みりん…大さじ1

サラダ油…適量

作り方

1. 冷凍おくら、冷凍れんこん、冷凍いんげんは解凍し、キッチンペーパーで水気をとっておく。豚バラ肉は長い場合は切り、軽く塩、こしょうを振っておく。Aはボウルなどに入れてよく合わせておく。
2. おくら、れんこんは1個ずつ、いんげんは数本まとめて、それぞれ豚バラ肉で巻き、巻き終わりを爪楊枝で留める。
3. フライパンにサラダ油を引いて熱し、2を入れ、中火で焼き色がつくまで焼く。
4. Aを入れてよく絡め、肉と野菜に火が通ったら火からおろし、器に盛る。

POINT

ブラックペッパーを振ってもおいしい！

きのことピーマンのチーズ焼き

ダイエットの味方きのこがたっぷり食べられる

材料（2人分）

まいたけ…1/2パック
えのきたけ…1袋
ピーマン…1個
塩、こしょう…少々
ピザ用チーズ…50g
ウスターソース…適量
オリーブオイル…小さじ1

作り方

1. まいたけはほぐし、えのきたけも根本を切ってほぐしておく。ピーマンは種をとって薄く輪切りにする。
2. フライパンにオリーブオイルを引いて熱し、1を入れて中火で炒める。
3. しんなりしてきたら、塩、こしょうを振って軽く混ぜる。
4. ピザ用チーズを入れ、ふたをして、弱火で水気がなくなるまで加熱する。ウスターソースをかけて食べる。

ねぎときのこの チッキンピッツァ

ピザ生地代わりに鶏むね肉を使った、
ヘルシーでチッキンなピッツァ♪

1人分 152円 で作れる！

材料 （2人分）

鶏むね肉…1枚（300g）
しいたけ…4個
まいたけ…1パック
長ねぎ…1/2本
かつおだしの素（顆粒）
　…小さじ1
めんつゆ（3倍濃縮）
　…小さじ2
みりん…小さじ2
塩、こしょう…適量
小麦粉…適量
マヨネーズ…適量
ピザ用チーズ…50g
焼き海苔…全形1/4枚
マーガリン…大さじ1

作り方

1 しいたけは石づきをとって薄切りにする。まいたけはほぐしておく。長ねぎは斜めの薄切りにする。

2 フライパンにマーガリンを入れて熱し、1を入れ、中火で炒める。

3 しんなりしてきたら、かつおだしの素、めんつゆ、みりんを入れて炒め、火からおろす。

4 鶏むね肉は薄くスライスし、**クッキングシートに円状に並べる。**

5 4の上に**クッキングシートをかぶせ、肉同士が貼り付いて繋がるように叩く。**

6 かぶせたクッキングシートをはずし、塩、こしょうで下味をつけ、小麦粉を薄くまぶす。

7 6をクッキングシートごとフライパンに置き、3を平らに広げ、マヨネーズをかけ、ピザ用チーズをのせる。

8 フライパンからはみ出したクッキングシートを切り取り、火にかけ、ふたをして弱火で5分蒸し焼きにする。

9 ピザのように放射状に切り、皿に盛り、焼き海苔をはさみで刻んでかける。

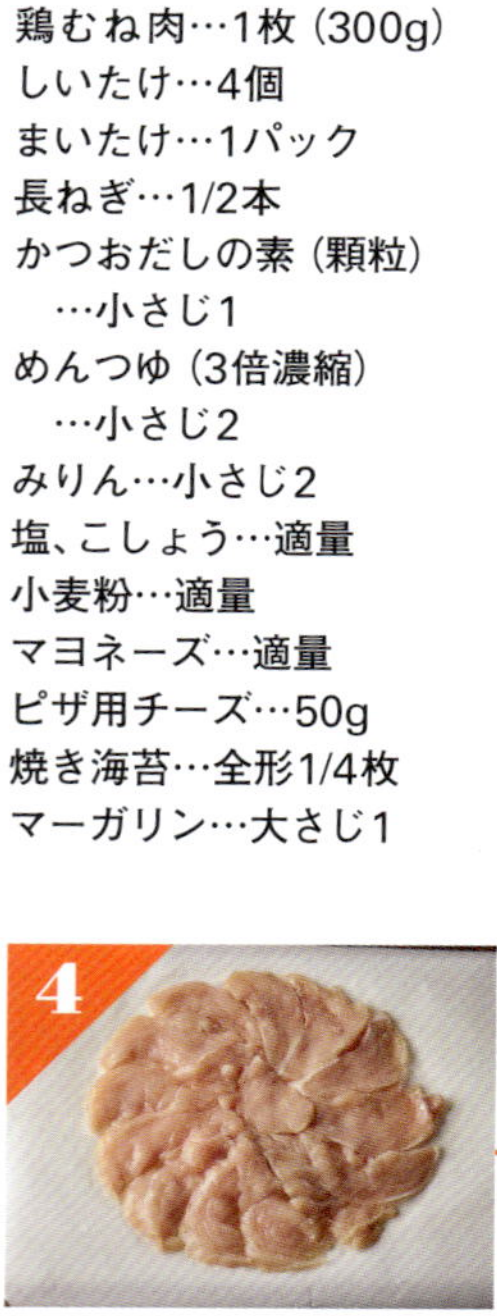

4

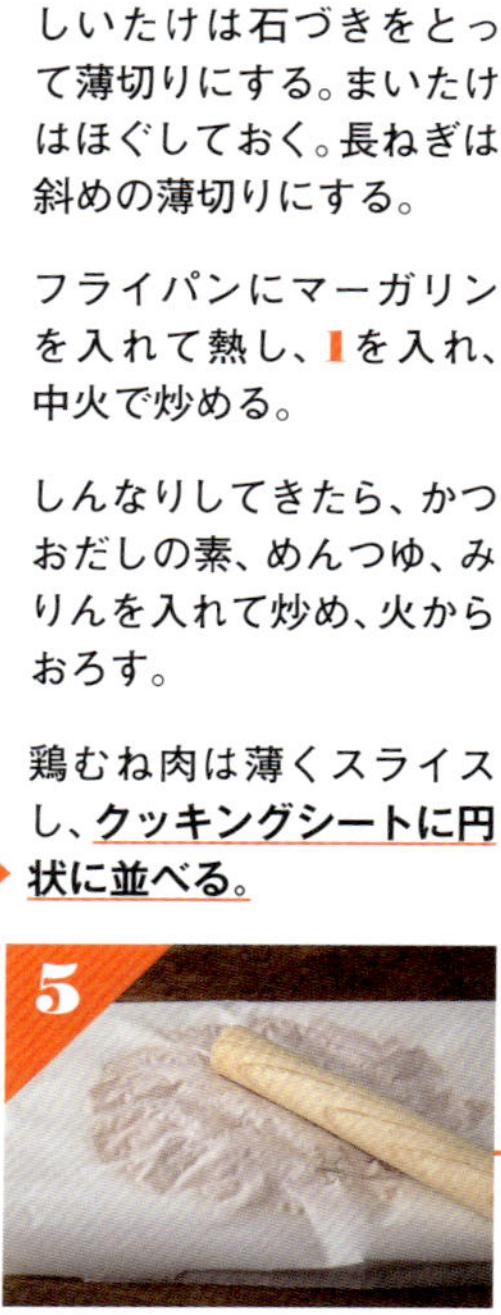

5

お酒に合う ツナポテトサラダ

材料（2人分）

じゃがいも…中3個
玉ねぎ…1/2個
ツナ缶（油漬け）…1個（70g）
しょうゆ…小さじ1
みりん…小さじ1
マヨネーズ…大さじ2
ブラックペッパー…適量
サラダ油…適量

作り方

1. じゃがいもは皮をむいて、同じくらいの大きさになるように切る。玉ねぎは薄くスライスする。ツナ缶は軽く油を切っておく。
2. 耐熱容器にじゃがいもを入れ、濡らしたキッチンペーパーをじゃがいもにかぶせ、ラップをかけ、600Wの電子レンジで約5分加熱する。
3. ボウルに2を入れ、粗めにつぶす。
4. フライパンにサラダ油を引いて熱し、玉ねぎを入れ、中火で軽く炒める。
5. 油を切ったツナ缶を入れてさらに炒め、しょうゆ、みりんを加えて炒め合わせる。
6. 3に5を入れて軽く混ぜ、マヨネーズを加えてよく混ぜる。
7. ブラックペッパーを振ってサッと混ぜ、器に盛る。

ツナの旨味としょうゆとみりんが効いた
ちょっと和風な、お酒にもご飯にも合うポテサラ

1人分 101円で作れる！

なすボート

味噌マヨのひき肉がお酒も
ご飯もどんどん奪っていく

1人分 **92円** で作れる！

材料（2人分）

- なす（長なすがおすすめ）…1本
- 合挽き肉…100g
- ピザ用チーズ…30g
- A
  - 味噌…大さじ1
  - マヨネーズ…大さじ1
  - 砂糖…小さじ1
  - 水…大さじ1
- サラダ油…適量

作り方

1. なすは縦半分に切り、**緑を8mmほど残してスプーンで身をくり抜き**、なす本体は水にさらし、くり抜いた中身は小さく切る。
2. フライパンにサラダ油を引いて熱し、合挽き肉を入れ、中火で炒める。
3. 肉の色が変わったら、1のなすの中身を加えて炒める。さらに、Aの材料を入れ、水分が飛ぶまで炒め合わせる。
4. 耐熱皿に1のなす本体を入れ、600Wの電子レンジで2分加熱する。
5. 耐熱トレーにクッキングシート（アルミホイルでもOK）を敷き、4のくり抜いた側を上にして置き、3を詰め、ピザ用チーズを乗せる。
6. あらかじめ温めておいたオーブントースターで、チーズに焼き色がつくまで5分ほど焼く。

エノチーせんべい

サクサクチーズとえのきがクセになる
アテにもおやつにもどうぞ！

材料（2人分）

1人分 28円で作れる！

えのきたけ…1/2袋
スライスチーズ…2枚
ブラックペッパー…適量

作り方

1. えのきたけは1cm幅に切ってほぐす。
2. フライパンにスライスチーズを置き、中火で加熱する。
3. チーズがフツフツしてきたら、1をのせ、カリッとするまで焼く。
4. ひっくり返して、全体をフライ返しで押さえる。
5. こんがり焼けたら火からおろし、食べやすい大きさに切って器に盛り、ブラックペッパーを振る。

ほうれん草とゆで卵のタルタルサラダ

栄養たっぷりのほうれん草
おひたしもソテーも飽きたらこちらをどうぞ！

材料（2人分）

1人分 46円で作れる！

ほうれん草…1/2把
ゆで卵…1個
マヨネーズ…大さじ1
ハーブ入りソルト…適量
ブラックペッパー…少々

作り方

1. ほうれん草を茹で、水気をしっかり絞り、食べやすい長さに切る。
2. ボウルにゆで卵を入れ、フォークでつぶす。
3. 2に1とマヨネーズ、ハーブ入りソルトを入れ、よくあえる。
4. 器に盛り、ブラックペッパーを振る。

俺とエリカと奈緒美 奇妙な3人の物語と2回目の借金返済

実家の稼業をつぶし、それでもなお借金を重ねる俺。そんな時、俺とエリカの人生を大きく変えてしまうトンデモない女、奈緒美に出会う。振り回される俺とエリカ、膨れる借金、奇妙な関係の3人。そして俺たちの物語は、終わりへと進み始める。

まわりを振り回して生きる魔性の女・奈緒美

奈緒美は、俺たちと同じ短期バイトでの採用でエリカより5つ年下。人懐っこく、バイト初日にエリカに「一緒にお弁当食べよう」と話しかけ、2人は仲良くなっていった。

奈緒美は背が高く、横幅もあった。黒髪のロングで目はくりっとしてて大きく、いわゆる〝痩せたら絶対可愛いタイプ〟だった。純情そうなイメージで、エリカも妹のようにかわいがっていた。

ところが、3ヶ月ほど経った頃、奈緒美がバイトをクビになった。商品を足で蹴っていたというのが理由だ。奈緒美がそんなことするはずがない、たまたま足元にあった商品をあやまって蹴ってしまったんだろうと、みんな奈緒美に同情していた。

エリカもそんな中の1人で、親友のようになった奈緒美がクビになったことで、「なら私もやめる！」と言って本当に辞めてしまった。

その後2人は、同じ派遣会社に登録し、一緒の職場で働きだした。そしてそこから、真面目で純情そうに見えた奈緒美の本性が明らかになっていった。

その後、エリカと奈緒美はマッチングサイトで出会った男と夜な夜な飲み歩くなど、結構危ない遊びをするようになっていった。奈緒美にいたっては、さらに危ない遊びもしているようだった。

そしてこの頃から2人は、何やら怪しい感じの夜の店で働きだしていた。

俺はというと、送迎に駆り出されたり、マッチングサイトの男と会う時に、ボディガード的な役目をさせられたり。「焼肉食べたい」「お酒飲みたい」と言うエリカの要求に、言われるがままにお金を使い続けていた。

そこには当然のように奈緒美もいて、「エリカはいいけど、なんでお前に払わなきゃいけないんだ！」と納得いかなかったが、お金を持ち歩かない奈緒美は、その辺の男に声をかければご飯くらいタダで食えると豪語していたため、エリカが巻き込まれるのが嫌で渋々2人分払い続けた。

まさお、島に強制送還される 2回目の借金の結末

その頃には、2回目の借金がどうにもならなくなっていた。数社から借りた残高は500万円くらいあり、毎月の返済は10万円を超えていた。返済しても、またお金を借りるなど、自転車操業の状態。夜

も寝ずに働いていたが、さすがに無理がきて身体がおかしくなり、遂には借金を返せなくなってしまった。

家賃も滞納、携帯料金も滞納。とりあえずプリペイドの携帯を入手し、エリカと父ちゃんにだけ番号を教えた。そこからは再び、１回目と同じく実家に連絡が行って……。

「お前はなんでまた……はぁ……」

父ちゃんは呆れていた。

父ちゃんは、借金をまとめて楽に返すという無料相談を予約していた。弁護士事務所のようなところに着くと、「思いつく限りでいいので、お金を借りている金融会社と金額を書いてください」と言われたが、俺は思い出せなかった。というかわからなかったのだ。

その後は父ちゃんがやりとりしていたので、俺はよくわかっていない。ただ、月々の支払いが減るとか、もう金融会社とのやりとりはしなくていい、とか言われた気がする。

「もうお前は信用できん」

父ちゃんのその言葉とともに、俺は島に強制送還となった。

エリカには『ごめん、実家に連れ戻される。落ち着いたら連絡する』とだけメールを送った。

島に戻った俺は、昼間は両親の営む釣具店で店番をし、夕方からは近所の寿司店で働いた。給料は借金返済に充てたので、俺の手元にお金はほとんど残らなかった。

それでもきれいな海に囲まれて、おいしいご飯を食べて家族とともにすごす日々は、借金に追われて逃げ回っていた日々を思うと、とても安心だった。また迷惑をかけてしまったが、俺もここでやり直せるかもしれない。

いや、やり直さなければ！

本気でそう思った。

その時は……。

俺はプリペイドの携帯を持っていたが、当時の島は、どこでも電波が入る状態ではなかったので、エリカとも数ヶ月連絡をとっていなかった。

「エリカどうしてるかな、心配してるかな？」

そう思って、電波の届く場所に行き携帯を開くと、エリカから数件メールが入っていた。『どうしてる？落ち着いたら連絡ちょうだい』的な内容だった。

俺はすぐにエリカに電話をした。

「久しぶりね。元気でやってるの？」

久々のエリカの声に、押さえていた感情が溢れ出した。エリカに会いたい！

この1本の電話で、俺はまたとんでもない行動に出てしまうのだった。

まさおの大脱走！～エリカを救え！～

その日から、週に一度決まった時間にエリカに電話をかけるようになった。

そっけなく切られる日もあれば、長話に付き合ってくれる日もあった。その頃、エリカは彼氏と半同棲していた。

　そんなある日、エリカから電話があった。かなり酔っ払っている様子だった。

　話を聞くと、どうやら彼氏が暴れて物を投げつけてきたらしい。エリカに怪我はないけど、部屋はぐちゃぐちゃだという。なぜ暴れるのか原因がわからず、暴れているのも今回が初めてではないという。

　もっと色々聞きたかったけれど、彼氏が戻ってきてしまい、電話を切られてしまった。

　その夜はずっとエリカのことを考えていた。

「俺が近くにいないからエリカを助けられないんだ。エリカを助けたい。エリカの力になりたい！」

　そして俺は、すべてをかけてエリカを助けに行くと決めた。

　とはいえ、島民みんな顔見知りな島では、普通にフェリーのチケットを買っていたら親に即バレだ。
　そこで俺は、以前に積算の仕事を回してくれていた、お世話になった先輩に会いに行くことをダシにして、エリカの元へ向かうべくフェリーに乗った。

目的を果たすまでは帰らないと決めて。

楽しい時間も終わりを迎える

結果的にいうと、エリカの彼氏の件はとんでもなくハードな展開になったものの、無事別れることができた。

両親を騙し、先輩をダシにして（先輩にはちゃんと会いに行った）島を出た俺は、その後も戻らず、また派遣の仕事を始めた。でも以前と違って、借金を返すべく長期の派遣に就くようになった。

エリカと奈緒美も夜の怪しい仕事を辞め、相変わらず長続きはしないものの、派遣の仕事をしていた。

エリカも奈緒美も相変わらずだったけど、俺たちはまた3人でつるむようになった。

その後、エリカが結婚して東京に行ってしまったり（旦那の仕事の関係でまた戻ってきたが、離婚してしまう）、エリカをあきらめようとした俺がマッチングサイトで騙されそうになったり（奈緒美の協力でことなきを得た）。事故を起こして毎月1万円払うことになったり（これは完全にタカリだ！）、トラブルを起こしたり巻き込まれたりしながらも、刹那的な日々をすごしていたが、少しずつ俺たちの関係は終わりに向かっていた。

それが決定的になったのが、奈緒美の婚約、奈緒美と家族との確執、そして婚約破棄事件だ。詳しくは動画で語っているが、これをきっかけに奈緒美が家族とともにいなくなり、そして、エリカとの連絡も途絶えてしまった。

しばらく経ったある日、「今から会えない？」とエリカから電話があった。ウキウキしながら待ち合わせ場所に行くと、なんとそこには奈緒美もいた。

俺は3人の日々が戻ったと思って喜んだのだが、

エリカから出た言葉は、「うちらっていつも適当じゃん、仕事も続かないし成長できる関係じゃないし、いつも悪い方向にいっちゃう。3人で助け合って生きていこうとか言ってたけど、今のままじゃダメだよね。だから、3年か10年かわからないけど、真っ当な人間になるまでお別れしよう」

悲しかったし、寂しかったけれど、それは俺も薄々気付いていたことだ。その日、俺たちはお互いの連絡先を消して別れた。

これが俺が１３００万円の借金を背負うことになった原因、俺とエリカと奈緒美の物語だ。

3人の奇妙な関係が終わった俺は今、平日は派遣社員として働きながら、物流倉庫やサービスエリアでバイトをしている。

もう借金はせず、毎晩の晩酌と料理を楽しみに、「人生のやり直し」をすべく、毎日を地道に必死に、でも楽しく生きている。

いつかまた、成長した3人が会える日を目指して。

PART 5

派遣社員の節約お弁当レシピ

お弁当のおかずは一品あればいい！
（たまに数品入れるけどね）
毎日続けられるまさお流お弁当レシピ

安くてお腹いっぱい！
1週間
節約弁当
月曜日

ミートボール満腹弁当

材料（大盛り弁当1個分）

冷凍肉団子…13個
ご飯…350g
A ウスターソース…大さじ1と1/2
A ケチャップ…大さじ1と1/2
A コンソメ…小さじ1
A 水…150ml
お好みの漬物…適量

作り方

1 冷凍肉団子は解凍する。

2 鍋にAの材料を入れてよく混ぜ、1を入れ、水分が飛んでたれが絡むまで、中火で3〜4分ほど煮る。

3 お弁当箱にご飯を詰め、その上に2の肉団子を並べ、鍋に残ったたれをかける。お好みの漬物を添える。

1個分 116円で作れる！
（漬物含まず）

サクッと作れてガツンと食べられる一品でも満足感アリアリ！

安くてお腹いっぱい！

1週間節約弁当

火曜日

しょうが焼き弁当

昼はやっぱりコレ！
週に1回はこれを食べないと締まらない

1個分 **193円** で作れる！

（漬物含まず）

材料（大盛り弁当1個分）

玉ねぎ…1/2個
豚こま肉…150g
ご飯…350g
小麦粉…適量
A
- おろししょうが（チューブ）…小さじ1
- 酒…大さじ1
- 砂糖…小さじ1/2
- しょうゆ…大さじ2

炒りごま…適量
サラダ油…適量
冷凍ブロッコリー…適量
お好みの漬物…適量

作り方

1. 玉ねぎは薄くスライスする。豚こま肉はボウルに入れ、小麦粉を振って揉んでおく。Aはよく混ぜ合わせておく。
2. フライパンにサラダ油を引いて熱し、玉ねぎを入れて中火で炒め、しんなりしてきたら、豚こま肉を加えて炒める。
3. 肉の色が変わったら、Aを入れ、よく絡めながら炒める。
4. お弁当箱にご飯を詰め、その上に3をのせ、炒りごまを振る。茹でたブロッコリーとお好みの漬物を添える。

安くてお腹いっぱい！

1週間節約弁当

水曜日

漢の三色丼弁当

材料（大盛り弁当1個分）

鶏ひき肉…200g
卵…1個
ウインナー…2本
ご飯…350g
A
- おろししょうが（チューブ）…小さじ1
- 酒…大さじ1
- みりん…大さじ1
- 砂糖…小さじ1
- しょうゆ…大さじ2

塩…少々
水…小さじ1
サラダ油…適量

作り方

1. 鍋に鶏ひき肉とAを入れて中火にかけ、水気がなくなるまで炒め煮にする。
2. ボウルに卵を割り、塩、水を加えてよく混ぜる。
3. フライパンにサラダ油を入れて熱し、2を流し入れて炒り卵を作り、取り出しておく。
4. 空いたフライパンで切り込みを入れたウインナーを焼く。
5. お弁当箱にご飯を詰め、その上に1、3、4をバランスよくのせる。

濃いめの鶏そぼろと玉子を一緒に頬張ると最高！

1個分 194円で作れる！

安くてお腹いっぱい！

1週間節約弁当

木曜日

和風ミートパスタ弁当

材料（大盛り弁当1個分）

スパゲッティ…150g
卵…1個
水曜日の残った鶏そぼろ
（P.123参照）…100g
市販のトマトソース…大さじ5
サラダ油…適量

作り方

1 フライパンにサラダ油を引いて熱し、卵を割り入れ、目玉焼きを作る。

2 鍋に水曜日の残った鶏そぼろとトマトソースを入れ、中火にかけてよく混ぜる。

3 スパゲッティは袋の表記通りに茹でる。

4 2に3を入れてよくあえる。

5 お弁当箱に4を詰め、その上に1をのせる。

パスタや焼きそばなど麺類も
お弁当にするのがまさお流

1個分 90円で作れる！
（水曜日の残った鶏そぼろ含まず）

安くてお腹いっぱい!

1週間節約弁当

金曜日

コロッケとじ弁当

甘めのつゆがコロッケとご飯に染みておいしい!

1個分 121円で作れる!

(漬物含まず)

材料 (大盛り弁当1個分)

冷凍コロッケ…2個
玉ねぎ…1/4個
溶き卵…1個分
ご飯…350g

A
- 砂糖…小さじ2
- 酒…大さじ2
- みりん…大さじ1
- めんつゆ(3倍濃縮)…大さじ2
- 水…50ml

お好みの漬物…適量

作り方

1 冷凍コロッケを揚げておく。玉ねぎは薄切りにする。

2 フライパンに玉ねぎとAを入れ、中火にかけ、玉ねぎがしんなりするまで煮る。

3 コロッケを入れて溶き卵を回しかけ、ふたをして、中火で卵が固まるまで煮る。

4 お弁当箱にご飯を詰め、3をのせる。お好みの漬物を添える。

漢めし

Ver 1

すぐできる焼肉弁当

毎日のお弁当は簡単に作れるのが大事！
材料のバリエーションを変えると変化が出るよ

1個分 **148円** で作れる！

(炒りごま含まず)

材料 (大盛り弁当1個分)

玉ねぎ…1/4個
キャベツ…1/8個
豚こま肉…100g
ご飯…350g
焼肉のたれ…大さじ2
炒りごま…適量
サラダ油…適量

作り方

1 玉ねぎは薄切りにし、キャベツは手で適当な大きさにちぎる。

2 フライパンにサラダ油を引いて熱し、1と豚こま肉を入れ、中火で炒める。

3 肉や野菜に火が通ったら、焼肉のたれを加え、水分が飛ぶまでよく炒める。

4 お弁当箱にご飯を詰め、3をのせ、炒りごまを振る。

漢めし Ver 2

キャベツを
ピーマンに変えた
パワー充電バージョン！

漢めし Ver 3

キムチと
ゆで卵を添えた
スタミナバージョン！

ブリの照り焼き弁当

ちょっとでもご飯がもりもりいける
甘辛い味つけが最高！

1個分 191円 で作れる！

材料 （大盛り弁当1個分）

にんじん…1/3本
ブリの切り身…1枚
ゆで卵（煮卵だとなおよい）…1個
ご飯…350g
炒りごま…適量

A
- みりん…大さじ1
- しょうゆ…大さじ1

小麦粉…適量

B
- おろししょうが（チューブ）…小さじ1
- みりん…大さじ1
- しょうゆ…大さじ1

サラダ油…適量

作り方

にんじんのきんぴら

1 にんじんは細切りにする。

2 フライパンにサラダ油を引いて熱し、1を入れ、中火でにんじんがしんなりしてくるまで炒める。

3 Aを加えて汁気が飛ぶまで炒め、火を止めて炒りごまを振って軽く混ぜる。

ブリの照り焼き

1 ブリの切り身に小麦粉をまぶす。Bは合わせておく。

2 フライパンにサラダ油を薄く引いて熱し、ブリを入れ、中火で全体に焼き目をつける。

3 ふたをして、中まで火が通るよう、弱火で3～4分蒸し焼きにする。

4 合わせたBを入れ、スプーンでたれをかけながら、魚に絡めるように焼く。

お弁当を作る

1 ゆで卵は半分に切る。

2 お弁当箱に、にんじんきんぴらを入れるスペースを少し空けてご飯を詰め、ご飯の上にブリの照り焼きをのせる。

3 空けたスペースににんじんのきんぴらを入れ、1をバランスよく添える。

POINT

にんじんのきんぴらは多めに作って常備菜にしておくと、お弁当にも晩酌のアテにも便利。

ミートオムレツ弁当

材料　（大盛り弁当1個分）

冷凍玉ねぎ（みじん切り）…50g
合挽き肉…50g
卵…2個
小松菜…2株
もやし…1/2袋
ご飯…350g
塩、こしょう…適量
A ごま油　小さじ1
A 鶏ガラスープの素（顆粒）…小さじ1
A 塩…小さじ1/4
ケチャップ…適量
サラダ油…適量

作り方

ミートオムレツ

1 フライパンにサラダ油を引いて熱し、冷凍玉ねぎを入れ、中火で炒める。

2 合挽き肉を加えて炒め、肉の色が変わったら、しっかりめに塩、こしょうを振ってサッと混ぜ、器に取り出しておく。

3 ボウルに卵を溶き、2を入れてサッと混ぜる。

4 空いたフライパンにサラダ油を引いて熱し、3を流し入れ、軽く混ぜながら中火で焼く。

5 周りが固まってきたら、折りたたんで、適当にまとめていく。

6 ふたをして蒸し焼きにし、中までしっかり火を通す。

小松菜ともやしのナムル風

1 小松菜は3cmくらいの長さに切る。

2 鍋に湯を沸かし、もやしと1を入れてサッと茹で、ザルにあげて湯を切る。

3 ボウルにAを入れてよく混ぜ、2を入れてあえる。

お弁当を作る

1 お弁当箱に、ナムルのスペースを空けてご飯を詰める。

2 空いたスペースにラップを敷き、小松菜ともやしのナムルを詰める。

3 ミートオムレツを半分に切ってご飯の上にのせ、ケチャップをかける。

ひき肉にしっかり塩こしょうしているから
ご飯にもよく合う！

1個分 **192円** で作れる！

ニラたま弁当

忙しい月曜の朝にぴったりな、包丁もまな板も使わずに作るお弁当

1個分 96円で作れる！

(漬物含まず)

材料 (大盛り弁当1個分)

ニラ…3本
卵…2個
ご飯…350g
めんつゆ (3倍濃縮)
…大さじ1
マヨネーズ…大さじ1
A 酢…大さじ1と1/2
A 砂糖…小さじ2
A しょうゆ…大さじ2
水溶き片栗粉…適量
サラダ油…適量
お好みの漬物…適量

作り方

1 ニラは、はさみで3cmの長さに切る。

2 ボウルに卵を割り、めんつゆ、マヨネーズを入れてよく混ぜ、1を加えて軽く混ぜる。

3 フライパンにサラダ油を入れて熱し、2を入れ、中火で大きくかき混ぜながら焼き、丸くまとめていく。

4 お弁当箱にご飯を盛り、3をのせる。

5 空いたフライパンにAを入れて中火にかけ、よく溶かし、水溶き片栗粉を加え、とろみがついたら4にかける。お好みの漬物を添える。

野菜炒め弁当

野菜不足になりがちな独身男にはもってこい！
一品でも野菜がいっぱい食べられるお弁当

材料 （大盛り弁当1個分）

魚肉ソーセージ…1本
にんじん…1/3本
玉ねぎ…1/4個
キャベツ…1/8個
ご飯…350g
焼肉のたれ…大さじ2
サラダ油…適量
お好みのふりかけ…適量
お好みの漬物…適量

作り方

1. 魚肉ソーセージは乱切りにする。にんじんは短冊に、玉ねぎは薄切りに、キャベツはざく切りにする。
2. フライパンにサラダ油を引いて熱し、にんじんと玉ねぎを入れ、中火で炒める。
3. 玉ねぎがしんなりしてきたら、魚肉ソーセージとキャベツを入れて炒める。
4. 野菜に火が通ったら、焼肉のたれを加え、汁気が飛ぶまで炒める。
5. お弁当箱の2/3のスペースにご飯を盛り、空いたスペースに4を入れる。
6. ご飯にお好みのふりかけを振り、お好みの漬物を添える。

1個分 125円で作れる！
（ふりかけ、漬物含まず）

もやし炒め弁当

節約の味方もやしとギョニソで
シンプルだけどおいしくてご飯が進むお弁当！

1個分 **153円** で作れる！
（ふりかけ、漬物含まず）

材料（大盛り弁当1個分）

卵…2個
魚肉ソーセージ…1本
もやし…1袋
ご飯…350g
白だし…小さじ1
みりん…小さじ1
焼肉のたれ
…大さじ1と1/2
サラダ油…適量
お好みのふりかけ…適量
お好みの漬物…適量

作り方

1 ボウルに卵、白だし、みりんを入れてよく混ぜる。

2 フライパンにサラダ油を入れて熱し、中火で**1**を1/3〜1/4ずつ入れながら、玉子焼きを作り、できあがったら好みの大きさに切る。

3 魚肉ソーセージは斜めの薄切りにする。

4 フライパンにサラダ油を入れて熱し、**3**を入れ、中火で焼き色がつくまで炒める。

5 もやしを入れて炒め、焼肉のたれで味付けする。

6 お弁当箱の半分にご飯を盛り、アルミホイルなどで仕切りをして、空いたスペースに**2**と**5**を入れる。

7 ご飯にお好みのふりかけを振り、お好みの漬物を添える。

ナポリタン弁当

スパゲッティのお弁当といえばやっぱりコレ！
野菜もウインナーもたっぷりで冷めてもおいしい

材料（大盛り弁当1個分）

スパゲッティ…120g
ピーマン…1個
玉ねぎ…1/2個
ウインナー…2本
マーガリン…適量
ケチャップ…大さじ2
市販のトマトソース…大さじ2
サラダ油…適量

1個分 **90円** で作れる！

作り方

1 スパゲッティは袋の表記通りに茹でる。

2 ピーマンは細切りにし、玉ねぎは薄切りにする。ウインナーは斜めの薄切りにする。

3 フライパンにサラダ油を引いて熱し、2とマーガリンを入れ、中火で炒める。

4 具材に火が通ったら、ケチャップと市販のトマトソースを加えて炒める。

5 お弁当箱に4を詰める。

お手軽チキンカツ弁当

パワーもやる気も大回復！
これがお昼に待っていると思うと仕事も頑張れる

1個分 185円で作れる！

POINT

チキンカツは前日に揚げておくと、忙しい朝でもサッと作れるよ。

材料（大盛り弁当1個分）

冷凍チキンカツ…4～5枚
（お惣菜・お弁当サイズのもの）
冷凍いんげん…100g
玉ねぎ…1/4個
溶き卵…1個分
A しょうゆ…小さじ1
A めんつゆ（3倍濃縮）…大さじ1
A 砂糖…小さじ1
A すりごま…小さじ1
A 炒りごま…小さじ1
水…50ml
めんつゆ（3倍濃縮）…大さじ1
ご飯…350g
揚げ油…適量

作り方

1. 冷凍チキンカツは揚げておく（前の晩に揚げておくと楽）。
2. 冷凍いんげんはさっと茹で、ボウルにAの材料とともに入れ、よくあえておく。玉ねぎは薄切りにする。
3. フライパンに玉ねぎ、水、めんつゆを入れ、中火で煮る。
4. 玉ねぎに火が通ったら、チキンカツを入れ、溶き卵を回しかけ、ふたをして、卵が固まるまで煮る。
5. お弁当箱にご飯を詰め、4をのせ、2を添える。

豚こますき焼き弁当

1個分 **157円** で作れる！
（漬物含まず）

小鍋1つ・10分で作れる！
忙しい朝にもピッタリな時短弁当

材料（大盛り弁当1個分）

白菜…2～3枚
豚こま肉…100g
ご飯…350g
水…大さじ4
砂糖…大さじ2
みりん…大さじ2
しょうゆ…大さじ2
お好みの漬物…適量

作り方

1 白菜はざく切りにする。

2 鍋に水を入れて沸騰させ、1と豚こま肉を入れて中火で煮る。

3 肉の色が変わってきたら、砂糖、みりん、しょうゆを入れて煮込む（白菜がクタクタになりすぎないよう注意）。

4 お弁当箱にご飯を詰め、3をのせる。お好みの漬物を添える。

POINT

玉ねぎやにんじんなど、冷蔵庫の半端野菜で作ってもいいですぞ！

まさおのおにぎらず

金曜日とか「もうひと頑張り」の時に作るとテンションもアガる

1個分 **112円** で作れる！

材料　（2個分）

ご飯…350g
溶き卵…1個分
豚こま肉…100g
レタス…1枚（半分にちぎっておく）
A［炒りごま…大さじ2
　 塩…少々
かつお節…1パック
しょうゆ…適量
炒りごま…適量
焼肉のたれ…大さじ1
焼き海苔…全形2枚
マヨネーズ…適量
サラダ油…適量

作り方

具材の準備

1 ボウルにご飯と**A**を入れて混ぜ、ざっくりと四等分にしておく。

2 **おかか** ボウルにかつお節としょうゆを入れ、よくあえる。

3 **玉子焼き** フライパンにサラダ油を引き、溶き卵を流し入れ、中火で丸または四角にまとめながら焼き（なんとなくまとまっていればOK）、皿に取り出す。

4 **焼肉** 空いたフライパンにサラダ油を引き、中火で豚こま肉を炒め、肉の色が変わったら焼肉のたれを加えて炒め合わせ、炒りごまを入れて軽く混ぜる。

焼肉おにぎらず

1 ラップを敷いて焼き海苔を1枚置き、真ん中にご飯をのせる。

2 レタス、焼肉、残りのレタス、ご飯の順にのせる。

3 具材を包むように焼き海苔の四角を折りたたむ。

4 ラップでしっかり包み、焼き海苔が馴染むまでおく。

仕上げ

1 ラップをしたまま半分に切る。

2 お弁当箱に詰める。

玉子のおにぎらず

1 焼き海苔を半分に切る。

2 ラップを敷いて焼き海苔を1枚置き、**ご飯を上半分と下半分に分けてのせる。**

3 **上のご飯に、玉子焼きをのせてマヨネーズをかけ、下のご飯に、おかかを平らにのせる。**

4 残りの焼き海苔をかぶせ、**ラップを持って半分に折りたたむ。**

5 ラップでしっかり包み、焼き海苔が馴染むまでおく。

材料別価格表

分類	品名	サイズ・量	価格(税抜)
肉・肉加工品	鶏むね肉	100g	55円
	鶏もも肉	100g	60円
	鶏ひき肉	100g	55円
	手羽元	100g	59円
	手羽中	100g	108円
	豚こま切れ肉	100g	70円
	豚ひき肉	100g	101円
	豚ロース肉(薄切り)	100g	98円
	豚ロース肉(とんかつ用)	1枚	120円
	豚ロースかたまり肉	100g	149円
	豚バラ肉(薄切り)	100g	109円
	合挽き肉	100g	98円
	ハンバーグたね	180g	290円
	ウインナー	800g	398円
	ハーフベーコン	4枚入り4連	165円
	冷凍チキンカツ	850g	518円
	冷凍肉団子	500g	208円
	冷凍コロッケ	10個	224円
魚介・水産加工品	豆アジ(小アジ)	1パック	100円
	ブリ切り身	1枚	115円
	カニ風味かまぼこ	10本入り	74円
	魚肉ソーセージ	5本束	198円
	冷凍むきエビ	150g	212円
	サバの味噌煮缶	1缶(200g)	108円
	ツナ缶(4缶パック)	1缶あたり70g	358円
	ひじき(乾燥)	20g	198円
野菜・きのこ・野菜加工品	えのきたけ	1パック	33円
	キャベツ	1個	147円
	小松菜	1把(約200~300g)	72円
	ごぼう	1本	79円
	しいたけ	1パック	98円
	しめじ	1パック	80円
	じゃがいも	1個	32円
	大根	1本	100円
	玉ねぎ	中1個	32円
	チンゲンサイ	1袋	73円
	トマト	1個	30円
	長ねぎ	1本	24円
	なす(長なす)	1本	62円
	ニラ	1束	55円
	にんじん	1本	20円
	白菜	1/4個	88円
	ピーマン	中1個	17円
	ほうれんそう	1把(約200g)	147円

分類	品名	サイズ・量	価格(税抜)
野菜・きのこ・野菜加工品	干ししいたけ	100g	397円
	まいたけ	1パック	32円
	水菜	1袋	55円
	ミニトマト	100g	82円
	もやし	1袋	28円
	レタス	1個	92円
	れんこん	100g	159円
	冷凍いんげん	500g	198円
	冷凍おくら	500g	258円
	冷凍コーン	500g	168円
	冷凍しいたけ	500g	198円
	冷凍玉ねぎ(みじん切り)	500g	144円
	冷凍ブロッコリー	500g	168円
	冷凍れんこん	500g	218円
卵・大豆製品・乳製品	卵	1パック(10個)	167円
	厚揚げ	2枚	73円
	油揚げ	3枚	92円
	豆腐(絹ごし、木綿)	1丁(400g)	42円
	スライスチーズ	15枚	278円
	溶けるスライスチーズ	15枚	278円
	ピザ用チーズ	1kg	798円
	マーガリン	360g	178円
米・麺・粉	米	5kg	1698円
	スパゲッティ(乾)	500g	92円
	マカロニ(乾)	200g	98円
	皿うどん用パリパリ麺	2人前(2玉)	40円
	天ぷら粉	1kg	388円
	パン粉	330g	188円
	小麦粉(薄力粉)	1kg	148円
	片栗粉	300g	125円
	食パン(8枚切り)	1袋	88円
乾物・ソース・その他	乾燥春雨	500g	258円
	乾燥ひじき	20g	198円
	ライスペーパー	22cm/400g	298円
	焼き海苔	全型10枚入り	214円
	市販のホワイトソース(ホワイトルウ)	1kg	447円
	市販のトマトソース	680g	348円
	炒りごま	115g	105円
	コンソメスープの素	300g	348円
	かつお節(パック)	3g×10パック	148円
	こんにゃく	1枚(250g)	37円
	乾燥バジル	100g	298円
	梅肉(チューブ)	160g	443円

※価格表は、九州地方の業務用スーパーおよびディスカウント系スーパーの価格、および一般スーパーの特売価格です(2024年7月現在)。地域、季節、社会情勢によって金額は異なりますので、あくまでも目安となります。

おわりに
成長した3人で再会する日まで！

エリカと奈緒美と約束したことがあります。

「うちらって、ほかの人に話しても信じてもらえないような経験してるよね。そうだまさお、本か日記に書いておきなよ。うちらの友情……なの？　なんだか変な関係をさー。タイトルはねぇ『エリカと奈緒美の物語』で！」

その約束を実行すべく、俺が選んだのがYouTubeでした。誰もが気軽に見ているYouTubeなら、俺にもできそうだし、エリカと奈緒美もどこかで見てくれるかなと。

今回、「エリカと奈緒美の物語」ではないけれど、ちょっと違う形で本が出せたので、もしかしたらどこかで、エリカと奈緒美もこの本を見てくれるかな？

なお、本書でもざっくり借金の原因として、俺たち3人の物語を紹介しましたが、もしガッツリ知りたい方は『ダメ派遣男まさお』の裏チャンネルでお楽しみください。

そしてもう1つ約束したことがあります。
俺たち3人は「いつかお店ができたらいいね」と話していました。俺とエリカがキッチンで、奈緒美がホール。実際、物件を見に行ったこともあります。でも、あの時それが実現していたとしても、あっという間につぶれてダメだったろうなと思います。
何年かかるかわからないけど、お互いが成長した姿で再会すること。そしてその時こそ、エリカと奈緒美と一緒に小さな居酒屋ができるといいなと思います。

でもまずは、借金を全部返すこと。そして父ちゃんと母ちゃんを安心させること。妹と昔のように笑い合えるようになること。それを目標に頑張っていきたいです。

そして、これからも皆さんを笑顔にできるチャンネルを作っていきたいと思います。
あ、ダイエットも、がっ……頑張ります！（汗）
これからも『ダメ派遣男まさお』をよろしくお願いします。

まさお

まさお

50代、派遣社員。多額の借金を抱えていることなど、大変な状況の中でもポジティブで等身大な日常動画がYouTubeで話題。とくに料理動画が好評で、「おいしそう」「自分も頑張ろう」とコメントも多い。現在、チャンネル登録者は20万人超えの人気を獲得する（2024年9月現在）。
YouTube : https://www.youtube.com/@masao-haken

至福《しふく》のコスパめし

食費《しょくひ》は月《つき》1万《まん》4000円《えん》 派遣社員《はけんしゃいん》の限界節約《げんかいせつやく》レシピ

2024 年 10 月 29 日　初版発行

著　者　まさお
発行者　山下直久
発　行　株式会社 KADOKAWA
　　　　〒102-8177　東京都千代田区富士見 2-13-3
　　　　電話　0570-002-301（ナビダイヤル）
印刷所　TOPPANクロレ株式会社
製本所　TOPPANクロレ株式会社

●お問い合わせ
https://www.kadokawa.co.jp/（「お問い合わせ」へお進みください）
※内容によっては、お答えできない場合があります。
※サポートは日本国内のみとさせていただきます。
※ Japanese text only

定価はカバーに表示してあります。

ISBN 978-4-04-607079-1 C0077